선교, 교회의 사명

개혁신앙강해 2

선교, 교회의 사명

초판 1쇄 2012년 6월 16일
지 은 이 권기현 목사
펴 낸 이 장문영
펴 낸 곳 도서출판 R&F
등록번호 제2011-03호 (2011.02.18)
주   소 경북 경산시 하양읍 금락리 392-1 롯데아파트 110동 2003호
전   화 054-251-8760 / 010-4056-6328
E-mail hangyulhome@hanmail.net
홈페이지 www.rnfbook.org
디 자 인 박경은, 유아셸, 이은지
I S B N 978-89-966360-3-8

잘못된 책은 바꾸어 드립니다.

도서출판 R&F는 개혁주의와 신앙(Reformed and Faith) 혹은 개혁신앙(Reformed Faith)의 약자입니다. 우리는 종교개혁의 유산을 이어받아 이 땅의 교회가 개혁신학과 개혁신앙으로 무장되길 소망합니다. 구호뿐인 개혁주의와 만신창이가 된 개혁신앙을 어떻게 이 땅에 정착시킬 것인지 고민하며, 한 올 한 올 엉켜진 실타래를 풀어보려 합니다. 무엇보다 어리고 연약한 교회, 상처투성이인 교회를 가슴에 품으려 합니다. 본 출판사는 샘터교회, 파서교회 그리고 로뎀교회(가칭)의 연합으로 탄생한 귀염둥이입니다.

성경적인 선교를 생각하다

선교,
교회의 사명

권기현 목사

도서출판 R&F

목 차

일러두기

이 책에서 인용한 한글 성경 말씀은 "개역 한글판 성경전서"(1961년 대한성서공회 발행)를 사용하였습니다.

성경적 선교를 소망하며

대학생 시절, 개혁신앙을 본격적으로 접하면서 고민이 하나 생겼습니다. '왜 (필자가 만난) 개혁신앙을 강조하는 분들은 전도나 선교에 대해 하나같이 냉소적일까?'

이 의문은 대학생 시절 내내 필자를 괴롭혔고, 또 고려신학대학원에 입학한 후에도 쉽게 풀리지 않았습니다. 신학대학원 재학 중 1년간 휴학하며 S.F.C.(Student For Christ, 학생신앙운동)를 섬길 때에도, 다시 복학하여 신학을 공부할 때에도, 그리고 개혁신앙에 관심을 가진 선후배, 동기들과 함께 성경을 깊이 묵상할 때에도 그 고민은 계속되었습니다. 한편으로 그럴 수밖에 없던 것은, 이 시절에 만났던 개혁신앙을 강조하던 분들은 대부분 전도와 선교에 대해 소극적인 태도를 지닌데 반해 개혁신앙에 대해 부정적인 생각을 가지고 있던 분들 중 다수는 전도와 선교에 매우 열심이었기 때문입니다. 이러한 현상은 계속적으로 저로 하여금 '전도와 선교에 취약한 것이 개혁신앙의 태생적 특징일 수밖에 없는가?'라는 질문을 하게 했습니다.

두 가지 현상이 이 고민을 가중시켰습니다. 하나는, 대학과 신학대학원 시절에 평생 함께 개혁신앙을 고수하며 살자고 다짐했던 일부 동료들과 선후배들이 어느샌가 태도를 바꿔버린 것이었습니다. 개혁신앙이라는 칼로 기존의 한국 교회와 자신이 속한 교회를 마음껏 재단하고 비난하다가, 어느 순간부터 자신이 그토록 혐오해오던 것에 타협하고 심지어 대변하는 위치에까지 가버린 모습은 필자에게 실로 큰 충격이었습니다. 다른 하나는 개혁신앙을 고수한다고 자칭하지만 기존 교회에 대해서는 냉소적인—심지어는 구원이 없는 거짓 교회라고까지 하는—태도로 올바른 대안을 제시하지 않는 분리주의적인 모습이었습니다.

오늘날 교파를 초월하여, 한국 교회—심지어는 개혁신앙을 모토로 하는 장로교회들조차—내의 각종 전도와 선교의 모습들로 인해 가슴이 미어질 때가 한 두 번이 아닙니다. 한국 교회는 인본주의, 세속주의, 물량주의, 대교회주의, 배금주의(Mammonism), 혼합주의, 다원주의, 신비주의, 그리고 기복신앙과 번영신학(Prosperity Theology)의 거센 영향력 앞에서 그 정체성을 위협받고 있습니다. 이런 배경 속에서, 성경에 나타난 구원의 도리를 균형 있게 설교하고 신앙고백과 교리문답을 가르치는 일(마 28:19-20; 행 5:42; 6:4; 딤후 4:2; 딛 1:9)은 국내뿐 아니라 해외에서도 점점 그 자취를 감추고 있습니다. 전도와 선교의 가장 기본적인 동력이 되는 선택과 작정 교리는 마치 수치의 주홍글씨처럼 취급되고 있으며, 그 대신 한 명이라도 더 많이 그리고 더 빨리 예배당으로 데려와서 결신시켜야 한다는 조급함이 대세로 안착한지 오래입니다.

그러나 반대쪽 극단 역시 문제입니다. 한국 교회의 기형적인 전도와 선교의 모습을 비난하지만, 정작 영혼 구원과 전세계에 거룩한 공교회를 건설하는 일에는 무심한 태도입니다. 이들은 하나님의 예정 교리를 구령(救靈)의 열정 없음을 정당화하기 위한 방패로 내세웁니다. 그 결과, '신(神)'보다는 '학(學)'이 전면에 배치된, 무미건조하고 냉소적인 신학 또한 한국 교회 안에서 제법 큰 한 자리를 차지하게 되었습니다.

필자는 1994년 필리핀 선교 현지에서 이 양쪽 극단을 피해 어떤 원리 위에서 선교해야 하는가를 좀 더 실제적으로 정립할 수 있었습니다. 그 후 시골에서의 목회(경남중부노회 파서교회)를 통해, 개혁신앙이야말로 이론과 실제 양쪽 모두에서 가장 효율적으로 선교의 방향을 제시해준다는 분명한 이해를 하게 되었습니다(이 교회는 필자가 사임한 후에도 개혁신앙의 원리에 따른 예배 순서와 시편을 찬송하는 일, 그리고 신앙고백과 교리문답을 가르치고 배우는 일을 지속하고 있습니다. 그리고 대구에 새로이 교회를 설립하기 위해 목사와 집사를 포함한 두 가정을 파송하였고, 서로 연합의 교제를 계속하고 있습니다. 또한 해외선교를 위해서 연합하며 교제하는 교회들과 함께 기도

하며 준비하고 있습니다).

필자는 개혁신앙의 관점에서 선교에 대한 몇 가지 원리를 분명하게 제시하고자 했습니다. 이 책에는 교회의 사명들(첫째, 교회가 거룩한 예배공동체로서의 분명한 정체성을 가져야 하고, 둘째, 거룩한 제사장 나라로서 선교하며, 셋째, 동일한 신앙고백으로 함께 연합하는 일)이 각각 따로 떨어져있는 것이 아니라 유기적인 하나의 사명이라는 전제가 깔려 있습니다. 또한 이 책은 동일한 고백 위에서 하나로 연합하는 사도적 공교회(One, Holy, Apostolic, and Catholic Church, 니케아 신조)를 건설하는 것이야말로 선교의 궁극적 지향점임을 보여줍니다.

제1장 "제자를 삼으라"는 예수님의 지상명령(The Great Commission)이 가진 교회론적 의미를 설명합니다. 제2장 "말씀을 전파하라"는 바울이 디모데에게 남긴 유언에 담긴 설교적 의미를 제시합니다. 제3장 "장로들을 택하여 세우다"는 바울의 선교가 단순한 전도 여행이 아니라 사도적 신앙을 보존하고 계승하는 문제와 관련되어 있음을 보여줍니다. 제4장 "온 세상에 전파될 복음"은 성경이 제시하는 세계관과 종말론이 어떻게 선교와 관련되는지를 다룹니다. 제5장 "교회 연합과 선교"는 초대 교회의 중요한 선교적 원리였던 신앙의 일치가 오늘날의 선교에 있어서도 얼마나 핵심적이어야 하는지를 논증합니다. 제6장 "한 몸으로 연합된 교회"는 민족적, 국가적 이스라엘에 대한 한국 교회 내의 잘못된 이해를 논박하고, 옛 언약과 새 언약의 통일성

과 차이점을 보여줌으로써 신약 교회 안에서 유대인과 헬라인의 신분적 구별이 철폐된 놀라운 사실을 소개합니다.

물론, 이 책에는 취약점도 있습니다. 먼저, 이 책은 "선교와 비평"(현, 선교지평)이라는 선교 전문 잡지에 2005년부터 약 1년간 기고한 여섯 개의 원고를 모아 수정, 증보한 것입니다. 각 원고에서는 성경적 선교에 관한 전반적인 원리들 모두를 다루기보다 선교의 원리와 관련된 몇 가지 중요한 성경 본문을 풀어 설명함으로써, 오늘날 한국 교회가 이 본문들을 어떻게 잘못 이해하고 있는지 되짚어보고 또한 그 오류를 어떻게 교정해야 하는가에 초점을 맞추었습니다. 이런 이유로 인해 이 책은 소위 선교학(Missiology)이라 할 만한, 즉 선교에 관한 성경적, 신학적 기초부터 시작하여 구체적인 선교 전략에 이르기까지의 방대한 스펙트럼을 포섭하지 못합니다.

또한, 필자는 선교의 목표가 교회 건설이어야 할 뿐 아니라 선교의 주체도 (선교단체가 아닌) 교회여야 한다고 확신합니다. 그러나 이 책에서는 이 원리에 대해 깊이 있게 다루지 못했습니다.

셋째로, 필자는 선교에 있어서 기도의 중요성을 강조하고 싶었지만 그러지 못했습니다. 필자는 "기도는 믿음의 최상의 실천이며, 우리는 이를 통해 매일 하나님의 은혜를 받는다(기독교 강요 제 3권 20장)"는 칼빈 목사님의 고백을 자신의 고백으로 공유합니다. 기도가 "믿음의 최상의 실천"이기에 이는 선교에서도 가장 중요한 실천이어야 한다고 믿습니다. 그럼에도 불구하고 이 주제를 다루지 않은 이유 중 하나는 이 주제가 거대한 담론을 포괄하고 있기 때문입니다. 기도는 개인적인 면뿐만 아니라 공교회적인 공동체성을 지니며(예를 들면, 주님께서 가르쳐주신 기도에서 '우리'라는 표현) 철저히 하나님의 약속에 기초합니다. 그러나 한국 교회 내에서 '기도'라는 주제는 지나칠 정도로 개인주의, 경건주의적 관점에 치우친 상태입니다. 이런 이유 때문에, 결국 '기도'와 관련된 성경 본문들을 계시역사의 진행과 함께 설명하는 또 한 권의 책이 필요하다는 결론에 이르렀고, 이 글에서는 다루지 않기로 했습니다. 이후에 '기도'를 주제로 또 한 권의 책을 저술하는 것이 필자의 소망 중 하나입니다.

넷째, 선교에 있어서 빠뜨리기 쉬운, 그러나 가장 유념해야할 것 중 하나는 예배와 관련된 부분입니다. 예배 순서, 성경 번역본 선정, 신조들의 정확한 번역, 성례전, 시편을 포함한 찬송가 선정 등의 사안들은 공교회적인 선교와 연합을 위한 가장 기본적인 조건들입니다. 그러나 이 부분 역시 이 짧은 책에서는 다루지 못했습니다.

이 외에도 이 글의 내용 가운데 나타난 모든 오류와 부족한 부분은 필자의 몫입니다. 그러기에 필자는 이 글이 성경적 선교를 열망하는 목회자와 그리스도인들에게 거룩한 도전을 던져주기를 바랄 뿐 아니라, 또 다른 누군가가 이 글이 미처 다루지 못한 중요한 본문들과 원리들을 더 깊이 설명해주어 한국 교회의 선교를 진일보하는데 이바지하기를 소망합니다.

마지막으로, 파서교회의 제 전임자이자 현재 샘터교회의 담임으로 20년 넘게 동지의 길을 걸어가고 있는 강현복 목사님, 파서교회의 제 후임자이자 현재 대구에서 로뎀교회(가칭)를 개척 중인 원태은 목사님, 그리고 이제 갓 파서교회로 청빙을 받아 동일한 신앙의 상속을 위해 분투하고 있는 강인종 목사님께 감사의 마음을 전합니다. 그리고 이 세 교회의 언약 백성들이 함께 이 책으로 하나 됨을 확인하면서 신앙의 계승을 이어나가기를 소망합니다. 아울러 한 분 아버지, 한 분 그리스도, 한 분 성령님 안에서 한 세례로 거듭난 수많은 자녀들이 이 거룩한 운동에 동참하기를….

2012년 6월 주의 날에

제1장

제자를 삼으라

선교 명령 : 교회 건설

18 예수께서 나아와 일러 가라사대 하늘과 땅의 모든 권세
　　를 내게 주셨으니
19 그러므로 너희는 가서 모든 족속으로 제자를 삼아 아버
　　지와 아들과 성령의 이름으로 세례를 주고
20 내가 너희에게 분부한 모든 것을 가르쳐 지키게 하라
　　볼찌어다 내가 세상 끝날까지 너희와 항상 함께 있으
　　리라 하시니라

　　　　　　　　　　　　　　　　　　　　　　　　마 28:18-20

　부활하신 예수님께서 하신 이 말씀은 '지상 명령'으로 잘 알
려져 있는 본문입니다. 오늘날 한국 교회가 이 구절을 선교적
사명을 수행하기 위한 중요한 근거로 삼고 있다고 해도 과언이
아닙니다. 물론 이는 잘못된 일이 아닙니다. 예수님께서 하신
이 말씀은 분명 사도행전의 역사를 바라보고 있습니다. 그리고
주후 1세기 당대의 역사를 넘어 그분이 재림하실 때까지의 모
든 구속 역사를 내다보고 있습니다.

　그러나 문제는 다른 데 있습니다. 그것은 이 말씀이 과연 무
엇을 의미하느냐는 것입니다. 사람마다 그 의미를 각자 다르게
생각하는 경우를 종종 보기 때문입니다.

전도?

어떤 이는 이 말씀을 전도 명령으로 이해합니다. 그래서 길에 나가서 열심히 전도 쪽지를 돌립니다. 큰 소리로, 확성기로, 또 어떤 경우에는 여럿이 둘러서서 찬양과 율동으로 전도합니다. 호젓한 공원에서 일대일로 전도하기도 하고, 또 가가호호 방문하여 전도지를 꽂아두거나 초인종을 눌러 주인과 직접 만나 전도하기도 합니다. 보다 효과적인 전도를 위해 전도 훈련을 받기도 합니다. 요즘 기독교 신문들에는 각종 효과적인 전도 방법과 기술들—그것이 성경적이든 아니든—이 많이 소개되어 있고, 또 각종 전도 세미나에 대한 광고도 자주 접할 수 있습니다.

그러나 "제자를 삼으라"는 명령 속에 '아버지와 아들과 성령의 이름으로 세례를 주는 것'이 포함되어 있다는 사실을 생각하면, 이를 일반적인 전도 명령으로 보기에는 상당한 무리가 있음을 알 수 있습니다. 왜냐하면 우리가 흔히 말하는 전도에는 세례를 주는 것이 포함되어 있지 않기 때문입니다. 이뿐 아니라 그리스도께서 사도들에게 분부하신 '모든 것'을 다 가르쳐 지키게 할 정도로 전도하는 것은 현실적으로 불가능합니다.

제자 훈련?

어떤 이는 이 말씀을 제자 훈련을 하라는 명령으로 이해합니다. 그 대표적인 주장은 이렇습니다. 신자(예수님을 구주로 믿고 고백한 사람)의 단계가 있고, 제자(훈련된 신자)의 단계가 있어서 그리스도인들은 신자로만 머물러서는 안 되며, 제자가 되어야 한다는 것입니다. 즉, 전도 명령으로 받아들이는 사람은 이 말씀의 대상을 불신자들로, 제자 훈련으로 받아들이는 사람은 신자들로 이해한다는 점이 주요한 차이점입니다. 이 주장은 한 때—물론 지금도—대학 캠퍼스 내의 선교 동아리들을 중심으로 활발히 전개되었습니다. 주로 훈련 과정을 10단계나 여러 과정으로 나누어 진행하여 성숙하고 헌신된 그리스도인을 양성하는 것을 목표로 합니다. 그리고 이러한 선교 동아리 출신들이 각 교회의 사역자로 많이 배출되면서 한국 교회 안에서도 이러한 훈련 과정들이 자연스럽게 접목되었습니다. 이는 현재까지도 상당한 영향력을 미치면서 한국 교회 안에 퍼져가고 있습니다.

그러나 과연 '신자'와 '제자'의 구분이 정말 성경적인가에 대한 의문을 지울 수 없습니다. 여기에는 인위적인 냄새가 매우 짙게 깔려 있습니다. 성경에는 분명 오늘날의 신자와는 다른 특수한 직분으로서의 '제자'가 있습니다. 이는 특히 복음서에 많이 나타나는데, 대부분의 경우 이 표현은 '사도들'을 가리킬 때 사용되었습니다. '사도'는 분명 일반적인 '신자'와는 구별되어 있습니다. 사도들은 예수님과 직접 동행하며 그분의 죽음과 부활을 직접 목격한 증인이 되어야 했습니다(행 1:21-22). 그래서 그들 역시 우리와 동일하게 교회의 신자이긴 하지만 동시에, 우리와는 달리 교회의 터(기초)가 되었습니다(엡 2:20). 사도들은 사람으로 지어진 새 성전, 즉 교회의 기초에 해당합니다. 기초공사를 두 번 하지 않듯 사도의 직분은 일회적입니다. 오늘날에는 사라지고 없는 직분입니다. 우리들이 사도의 직분을 종종 '교회의 창설 직분'이라고 부르는 이유가 바로 이것입니다.

그러므로 '제자'가 사도들을 가리킨다면, 이는 분명 일반적인 신자와는 구별된 뜻을 가지고 있습니다. 이는 그들의 특수한 역할 때문입니다. 사도행전에서 (예수님의) '증인'이라는 단어는 부활하신 예수님을 직접 눈으로 목격한 사람을 가리킬 때 외에는 사용하는 일이 없는데, 이 역시 '사도'들이 초대 교회 신자들과 구별된 특수한 기능—교회의 터가 되는—을 가지고 있음을 여실히 보여줍니다.

그러나 오늘날에는 사도가 없습니다. 터는 이미 모퉁이 돌이신 예수님과 함께 탄탄히 닦여 있습니다. 새로운 터를 닦는 것은 이단적 행위입니다. 우리는 단지 이 터 위에 굳건히 서기만 하면 됩니다(고전 3:10-11; 골 1:23; 딤후 2:19; 히 6:2). 그러므로 사도를 가리키는 '제자'라는 말이 일반적인 신자와 구별되어 사용되고 있다는 이유를 들어 오늘날의 신자를 두 부류로 구분하는 것은 정당하지 않습니다. 오히려 행 11:26을 보면, 제자들이 안디옥에서 비로소 그리스도인이라 일컬음을 받게 되었다고 합니다. 여기서의 '제자들'은 사도들 외의 일반적인 신자들을 가리키는 말입니다. 다시 말하면, 여기서의 '제자'는 '신자'와 동의어로 사용되었습니다.

다시 말하면, 성경은 일반적인 '신자'와 구별되는 사도를 가리키기 위해 '제자'라는 용어를 사용합니다. 그러나 오늘날에는 더 이상 사도가 없습니다. 또한 성경은 다른 한 편으로 '신자'와 같은 뜻으로 '제자'라는 용어를 사용합니다. 그러므로 "제자를 삼으라"는 예수님의 명령을 신자들과 구별된 의미에서 더 훈련되고 헌신된 사명자를 양육하라는 뜻으로 볼 수 없습니다.

교회를 건설하라!

예수님의 이 명령을 바르게 이해하기 위해서는 다음의 두 가지 작업이 필히 선행되어야 합니다. 하나는 예수님의 명령이 담긴 마 28:19-20의 내용을 진지하게 다시 살피는 일입니다. 다른 하나는 예수님의 이 명령이 직접적으로 성취되고 있는 사도행전을 살피는 일입니다. 19-20절의 앞부분의 원문을 직역하면 다음과 같습니다.

"그러므로 너희는 가서
아버지와 아들과 성령의 이름으로 그들에게 세례를 주면서,
그리고 내가 너희에게 명령한 모든 것을 지킬 수 있도록
하기 위해 그들을 가르치면서,
모든 족속으로 제자를 삼으라"

위 번역을 통해 예수님의 이 명령을 보다 잘 이해하기 위한 몇

가지 중요한 실마리들을 발견할 수 있습니다.

첫째, 예수님의 이 명령은 단 하나의 주동사를 가지고 있는데, 그것은 모든 족속으로 "제자를 삼으라"는 것입니다.

둘째, 예수님의 명령, 즉 모든 족속으로 제자를 삼기 위해 사도들이 해야 할 두 가지 측면의 사역이 있는데, 그것은 삼위일체 하나님의 이름으로 '세례를 주는 것'과 세례 받는 자들을 순종으로 이끌기 위해 그분의 말씀을 '가르치는 것'입니다. 한글개역성경이 자연스럽게 번역을 생략한 '그들'(이탤릭체)이 두 번 모두 제자를 삼는 대상인 '모든 족속'을 가리키고 있다는 사실은 이를 뒷받침합니다.

이 두 가지 사역은 매우 중요합니다. 예수님의 명령은 "모든 족속으로 제자를 삼으라"는 것인데, 사도들은 이를 위해 '말씀'(가르치는 사역)과 '성례'(세례를 주는 사역)를 시행해야 했습니다. 즉, 예수님의 이 명령은 제자 훈련이나 거리 전도 등과는 달리 말씀과 성례를 통해 수행됩니다.

사도행전은 이 명령이 말씀과 성례를 통해 어떻게 성취되고 있는지 매우 잘 보여줍니다. 오순절에 성령 강림이라는 놀라운 역사가 발생하자, 사도 베드로는 세계 각지에서 모여든 유대인들에게 설교한 후에 이렇게 말합니다.

> "베드로가 가로되 너희가 회개하여 각각 예수 그리스도의 이
> 름으로 세례를 받고 죄 사함을 얻으라 그리하면 성령을 선물

로 받으리니" (행 2:38)

그리고 그 말을 들은 자들 중 많은 사람이 세례를 받았습니다.

"그 말을 받는 사람들은 세례를 받으매 이 날에 제자의 수가
삼천이나 더하더라" (행 2:41)

오순절에 사도들은 말씀을 전했고, 그 말씀을 들은 자들 중
허다한 무리가 세례를 받았습니다. 그 결과, 세상 가운데 무엇
인가가 출현했습니다. 그것이 무엇입니까? 바로 교회입니다.

사도들은 여기서 그치지 않고, 세례 받은 이들이 그리스도께
서 분부하신 모든 것을 지켜 순종하도록 하기 위해 지속적인 말
씀 사역을 계속하였습니다. 이로 인해 지극히 정상적이고 건강
한 교회의 모습이 이어졌습니다. 이 세상 가운데 출현한 교회
는 사도들의 설교와 교육(가르침)을 통해 어린 아이에서 장성한
사람으로 점점 자라기 시작했습니다.

"저희가 사도의 가르침을 받아 서로 교제하며 떡을 떼며 기도
하기를 전혀 힘쓰니라42 사람마다 두려워하는데 사도들로 인
하여 기사와 표적이 많이 나타나니43 믿는 사람이 다 함께 있어
모든 물건을 서로 통용하고44 또 재산과 소유를 팔아 각 사람의
필요를 따라 나눠 주고45 날마다 마음을 같이 하여 성전에 모

이기를 힘쓰고 집에서 떡을 떼며 기쁨과 순전한 마음으로 음식을 먹고46 하나님을 찬미하며 또 온 백성에게 칭송을 받으니 주께서 구원 받는 사람을 날마다 더하게 하시니라47" (행 2:42-47)

"저희가 날마다 성전에 있든지 집에 있든지 예수는 그리스도라 가르치기와 전도(설교)하기를 쉬지 아니하니라" (행 5:42)

사도들의 말씀과 성례 사역은 이 세상에 교회를 출현시켰고, 또 교회가 왕성하게 자라도록 하는 밑거름이 되었습니다. 교회는 말씀과 성례를 통해 발생하고 자랍니다. 이는 16세기 교회 개혁자들이 배교한 로마 천주교, 그리고 분리주의자들인 재침례파로부터 참 교회의 정체성과 구별성을 바르게 확립하기 위해 외쳤던 두 개의 표지이기도 합니다. 올바른 말씀 선포와 올바른 성례! 이는 매우 성경적인 주장입니다.

그러므로 "제자를 삼으라"는 이 명령은 일반적인 '전도'나 '제자 훈련'이 아니라 보다 폭넓은 의미에서 "교회를 건설하라"는 뜻입니다. 이것이 신약의 그리스도인들에게 주어진 최고의 사명입니다.

교회 건설의 실제적인 적용

"제자를 삼으라", 즉 "말씀과 성례를 통해 교회를 건설하라"는 이 명령은 여러 가지 의미를 담고 있습니다.

1. 선교를 통한 교회 건설

이 명령은 교회가 없는 지역에 교회를 설립하는 일을 포함합니다. 교회의 가장 큰 사명 중 하나는 선교입니다. 복음을 전하여 세례를 주는 것으로 선교 사역이 끝난다고 생각해서는 안 됩니다. 그리스도께서는 회심한 자들이 하나의 공동체를 이루어 순종하기를 원하십니다. 교회는 복음 안에서 건강하게 성장해야 합니다. 굳건하게 뿌리를 내려야 합니다. 바울의 2차 선교 여행의 목적이 바로 이것이었습니다(행 15:36, 41). 그러므로 세례 후에는 지속적인 말씀 사역이 필히 뒤따라야 합니다. 선교는 교회를 이루는 것을 목적으로 해야 합니다. 그리고 지속적인 말씀과 성례의 사역이 그 속에 분명히 포함되어 있어야 합니다. 어떤 특수한 지역에서는 대내외적인 사정으로 인해 이렇게 하기 힘들 수도 있습니다. 그리고 이를 위해서는 상당히 긴 인내의 시간이 필요하기도 합니다. 그러나 그렇다고 해서 이 기본 원리를 포기하거나 잊어버려서는 안 됩니다. 하지만, 한국 교회는 이보다 선교 현지에 예배당을 지어주는 것과 같은 부차적인 일에 더 깊은 관심과 열정을 쏟을 때가 많아 심히 우려스럽습니다.

말씀과 성례를 통해 교회를 건설하는 일이 선교의 궁극적 목적이라면, 최우선적이고도 최종적으로 신학 훈련을 받은 목사들이 필요합니다. 일반적인 경우, 바울은 선교 현지에서 단순히 전도만 하고 훌쩍 떠나버리지 않았습니다. 신앙의 나머지 부분은 회심한 개개인이 알아서 하도록 내버려두지 않았습니다. 그는 회심한 사람들이 모여 지속적인 말씀과 성례를 통해 교회를 이루어 자라도록 그들을 목양하고 가르칠 사역자들을 세운 후에 다른 지역으로 떠났습니다.

> "각 교회에서 장로들을 택하여 금식 기도하며 저희를 그 믿은 바 주께 부탁하고" (행 14:23)

여기서 장로들은 '가르치는 장로'인 목사들을 가리키거나 최소한 한 명의 목사가 포함된 장로들의 무리로 보아야 합니다. 물론 이 속에 '치리하는 장로'도 속해 있을 수 있지만, 바울이 없이도 지속적인 말씀 사역과 성례를 수행할 수 있는 목사를 세웠다고 이해하는 것이 자연스럽습니다. 선교가 지속적으로 이루어지기 위해서는 목사들이 선교사로 나가야 하며, 또한 이들은 현지인들 중에서 목사가 될 인재들을 양육할만한 신학적 소양을 가진 자들이어야 합니다.

이뿐 아니라 현지의 교회들이 지속적으로 말씀과 성례를 시행할 수 있도록, 회심자들 중에 목회의 사명과 가르치는 은사를 받은 자들을 훈련하여 목사를 양성하는 신학교가 설립되어야 합니다. 오늘날 한국 교회가 해외 선교를 할 때, 현지에 신학교를 설립하는 경우가 많습니다. 물론 이는 매우 바람직합니다만 문제는 신학교의 운영에 있습니다. 현지인들의 신앙과 신학의 수준이 낮다는 이유로 정규 신학 과목보다는 간증이나 목회실습 위주의 과목들로 교육과정을 짜는 경우가 많습니다. 신학에서 가장 기초가 되는 성경원어 과목이 없는 것이 전혀 이상하지 않을 정도입니다. 또한 재정을 후원하는 교회의 목회자들에게 후원에 대한 감사와 예우 차원에서 특정 신학 과목의 교수직을 맡길 때도 있습니다. 심지어는 그런 교회의 강도사나 전도사에게까지 과목을 맡기는 경우도 있습니다. 이들도 마찬가지로 목회 훈련과 신학 훈련을 받아야 할 대상인데도 말입니다. 물론 맡은 과목을 잘 교수하는 이들도 있습니다. 그러나 신학의 각 분야—성경 원어, 구약, 신약, 교회사, 교의학, 봉사 신학, 윤리학 등—는 개개인의 목회 경험에 의지하기보다는 체계적이고도 치밀한 가르침을 통해 이루어져야 합니다. 그러므로 현지인들에게 처음 복음을 전하는 일은 어느 성도나 할 수 있지만, 그들에게 세례를 주고 교회를 이루어 지속적인 말씀 사역을 감당하는 일은 결국 목사가 해야 합니다.

그리고 회심한 현지인들 중에서도 선교의 열정과 함께 신학적 전문성을 겸비한 목사를 교수요원으로 양성할 필요가 있습니다. 한국 교회 성도들의 장점 중 하나는 선교의 열정이 놀라울 정도로 뜨겁다는 점입니다. 그러나 이들에게서 일반적으로 나타나는 약점 중 하나는 목사가 감당해야 할 일을 종종 어설픈 제자 훈련 등으로 대신한다는 점입니다. 하나님께서 각 사람에게 주신 은사가 다르듯이, 성도—의사, 교사 등—가 해야 할 일은 성도에게, 그리고 신학 교육과 관련된 일은 목사들 중에서 그러한 은사를 받고 훈련된 이들에게 맡겨야 합니다. 선교는 슈퍼맨 대신 하나님께서 주신 각자의 은사를 따라 순종할 사람을 필요로 합니다.

2. 신앙생활을 통한 교회 건설

앞에서 살펴본 대로, 예수님의 이 명령은 이미 세워져 있는 교회가 건전한 말씀 선포와 성례를 통해 물과 성령으로 거듭나는 자들을 끊임없이 출산하고, 신자들을 굳건히 자라게 하는 일을 포함하고 있습니다. 기존 교회가 건강하게 자라는 것과 외지에 복음을 전하는 것 이 두 가지 모두가 예수님의 명령에 대한 순종입니다.

그러므로 선교뿐 아니라 교회를 터전으로 하는 신자들의 모든 신앙생활이 전부 이 명령과 관련되어 있습니다. 참된 복음 안에서 성경적인 교회를 이루고, 또 그 교회 안에서 지속적으로 신앙생활을 하는 것 모두가 예수님의 이 명령에 대한 순종인 것입니다. 하지만 불행하게도 한국 교회의 성도들은 일반적으로 이 명령이 해외 선교에만 적용되는 것으로 이해하고, 교회 안에서 신앙생활을 하는 것과 관계있다고는 생각하지 못합니다. 그래서 선교에 열정을 품는 교회들이 의외로 말씀과 성례의 사역에 매우 취약한 기현상이 자주 발생합니다. '우리 교회는 선교에 최우선을 두는 교회이기 때문에 이런 것에는 그리 큰 신경을 쓸 필요가 없다'는 이상한 주장까지도 난무합니다. 선교를 후원하고 그 일을 감당하는 교회가 정작 성경적인 교회, 곧 말씀과 성례를 통해 그리스도께 순종하며 자라가는 건강한 교회가 되는 일을 등한히 한다면, 그들이 진력하고 있는 선교 사역의 현재 모습과 그 장래가 어떨지는 쉽게 상상할 수 있습니다. 결국 그 교회의 선교 역시 서서히 그 빛깔이 바래질 수밖에 없습니다. 복음이 없던 곳에 교회를 세웠다 하더라도 그 교회에게 말씀과 성례를 통해 장성한 분량에 이르는 일은 강조하지 못할 것이기 때문입니다.

좀 더 거시적으로 지난 역사를 돌아보면, 한국 역시 선교 대상이었음을 알 수 있습니다. 한국에 선교사를 보냈던 미국, 캐나다, 호주 역시 그러합니다. 선교를 감당하는 지역 교회와 선교 현지 교회의 차이점은 복음이 뿌려진 역사가 조금 더 길거나 짧다는 데 있을 뿐입니다. 하나님의 눈에는 이 교회들 모두가 다 동일한 구속사의 과정 속에 있습니다. 이들은 모두 오순절 성령 강림의 열매들입니다. 주후 1세기 교회사에서 매우 중요한 선교 거점이 되었던 안디옥교회는 신앙의 원리와 관련된 문제가 발생했을 때 바울과 바나바를 예루살렘교회로 파송하여 사도적 복음의 답변을 듣기 원했습니다(행 15장). 선교의 많은 부분을 감당했던 안디옥교회 역시 다른 한편으로는 선교 현지 교회였기 때문입니다.

한국 교회가 선교의 많은 부분을 감당한다고 해서 마치 '우리는 예수님께서 주신 이 명령의 수행자들일 뿐, 그 대상에서는 제외된다'고 생각한다면 이는 큰 오해입니다. 한국 교회 역시 말씀과 성례를 통해 건설되어야 할 '모든 족속'에 속한다는 사실을 한시도 잊어서는 안 됩니다.

말씀과 성례를 통해 참 교회를 건설하는 일, 이것이 그리스도께서 우리에게 주신 대사명입니다.

제2장

말씀을 전파하라

선교사의 사역 : 설교

너는 말씀을 전파하라 때를 얻든지 못 얻든지 항상 힘쓰라
범사에 오래 참음과 가르침으로 경책하며 경계하며 권하라
딤후 4:2

어느 정도 신앙생활을 한 분이라면 "너는 말씀을 전파하라"
는 구절을 한 번 쯤은 들어보셨을 것입니다. 아마도 예배 중의
설교에서, 전도 집회나 훈련 또는 세미나에서 수없이 들어왔을
것입니다. 지역 교회 예배당의 양쪽 기둥이나 강단 뒤쪽 혹은
천장에 이 구절이 구호처럼 새겨져 있는 것도 종종 볼 수 있습
니다. 이 구절은 그만큼 한국 교회 성도들의 마음속에 깊이 각
인되어 있습니다.

이 본문이 많은 성도들에 의해 애송되고 사랑을 받는 이유는
한국 교회의 전도에 대한 열의와 무관하지 않습니다. 지난 100
여 년간 한국 교회는 엄청난 수적 성장을 거듭해왔습니다. 필

자는 세계 교회사에서 유례(類例)를 찾기 힘들 정도의 이런 놀라운 수적 성장이 하나님의 주권적인 은혜에서 비롯되었다고 믿습니다. 한국 교회 성도들의 전도에 대한 열심은 하나님의 주권적인 역사의 도구로 사용되었습니다. 이 사실을 부정할 사람은 그리 많지 않을 것입니다. 요즘 수적인 성장세가 다소 주춤거리고 있긴 하지만, 한국 교회 성도들의 전도에 대한 열의는 아직도 뜨겁습니다. 뿐만 아니라 이미 오래 전부터 그 눈길을 외국으로 돌려 해외 선교에서도 큰 몫을 감당하고 있습니다. 그러니 한국 교회가 이 본문을 애송하고 가르치는 것은 어쩌면 지극히 당연한 모습일 것입니다.

전도와 선교에 열심을 품는 교회와 성도의 모습은 참으로 아름답습니다. 그러나 그것이 곧 사도 바울이 디모데에게 유언처럼 남긴 이 말씀, 더 나아가서 성경의 원 저자이신 성령님께서 모든 시대를 살아가는 교회에게 하시는 이 말씀의 뜻을 결정지어주는 것은 아닙니다.

목회서신

디모데후서는 사도 바울이 쓴 서신들 중에서 가장 후기의 것으로 알려져 있습니다. 왜냐하면 그가 자신의 임박한 죽음을 예고하고 있기 때문입니다(딤후 4:6). 그래서 대부분의 성경학자들은 이 서신 역시 감옥에서 기록되었음에도 불구하고(딤후 1:8, 16; 4:6-8) 이를 옥중서신(에베소서, 빌립보서, 골로새서, 빌레몬서)으로 분류하지 않습니다. 다른 옥중서신들과는 다른 시기에 쓰인 것으로 추측하기 때문입니다.

그 대신 학자들은 이 서신을 디모데전서 및 디도서와 함께 묶어 목회서신으로 분류하는데 주저하지 않습니다. 왜냐하면 이 세 서신이 모두 지역 교회의 목회자였던 디모데와 디도를 수신자로 하고 있고, 또 그들이 목양하는 교회를 어떻게 굳건히 세워가야 하는지에 대해 가르치고 있기 때문입니다.

우리가 이 사실을 유념한다면, 이 본문을 읽을 때에도 그러한 목회적 관점에서 이해하도록 노력해야 합니다. "너는 말씀을 전파하라"에서 '너'는 일차적으로 '모든 성도'가 아니라 목회자요 복음 전도자(딤후 4:5)[1]인 디모데입니다. 바울은 디모데에게 "말씀을 전파하라"고 명령합니다. 디모데는 목회자와 복음 전도자라는 직분자의 위치에서 이 명령에 순종해야 했습니다.

목회서신에는 목사나 장로직을 수행할 자의 신앙적 모습과 자세에 대한 요구가 있습니다(딤전 3:1-7; 딛 1:5-9). 또한 집사직을 감당할 사람에게 필요한 자세에 대해서도 교훈하고 있습니다 (딤전 3:8-13). 목사와 장로와 집사가 신앙의 모범을 보여야 하

---

1) 딤후 4:5의 '전도인'으로 번역된 헬라어 '유앙겔리스투'는 거리 전도를 하는 일반 성도를 가리키는 용어가 아닙니다. 이는 '사도', '선지자'와 함께 초대 교회 당시에 있었던 독특한 직분 중 하나인데, 하나님의 말씀을 공적으로 전하는 은사 중 하나입니다. 이 단어는 한글개역성경에서는 엡 4:11에서 '복음 전하는 자'로, 또 행 21:8에서 '전도자'로 번역되었습니다. 엡 4:11에서는 사도, 선지자, 목사, 교사 등과 함께 주후 1세기 당대의 교회 안에서 공적으로 말씀을 전했던 직분 중 하나로 소개되었습니다. 또한 행 21:8에서는 스데반과 함께 활동했던 빌립을 소개하는데 이 단어를 사용하고 있습니다.

는 것은 맞지만, 모든 신자가 다 이 요구에 응해야 하는 것은 아닙니다. 신자들은 이 본문을 보면서, '나도 이러한 모습을 갖추어 목사가 되어야지' 하는 대신에 '이런 분을 목사로 청빙해야지' 하는 자세를 취해야 합니다. 장로와 집사의 경우에도 마찬가지입니다.

이 원리는 딤후 4:2에도 똑같이 적용됩니다. 사도 바울은 디모데에게 "너는 말씀을 전파하라"고 명합니다. 이 본문을 읽는 신자 모두가 여기서의 '너'를 자신으로 이해하여 '나는 말씀을 전파해야 할 사람'이라고 생각해서는 안 됩니다. 이 명령은 우선적으로 목회자인 디모데에게 주어졌습니다. 이 본문에서의 '너'는 모든 신자가 아니라 목회자인 디모데를 가리킵니다. 그러므로 신자들은 이 본문을 읽을 때, 자신도 말씀을 전파해야겠다고 적용하는 대신 목회자가 전하는 하나님의 말씀을 잘 들어야겠다고 적용해야 합니다.

같은 구절 안의 '집사'라는 표현은 한글개역성경의 의역인데, 헬라어 사본들에는 이 표현이 없습니다. 스데반, 빌립 등과 같은 이는 초대 교회사에서 '집사' 직분이 일반화되기 이전에 구제와 함께 말씀을 전하는 임무를 함께 맡고 있었던 사람들이었습니다—행 6장의 스데반과 빌립 등 일곱 명에게 '집사'라는 명칭이 주어진 적이 없다는 사실, 그리고 빌립에게 '전도자(유앙겔리스투)'(행 21:8)라는 말씀의 은사와 관련된 직분적 명칭이 주어졌다는 사실은 이들이 왜 구제와 함께 말씀과 세례(행 8:26-40) 사역까지 행했는지를 이해하게 해주는 강력한 증거입니다. 그러므로 스데반과 빌립 등 일곱 명의 구제 사역을 통해 오늘날의 집사 직분에 대한 원형을 발견할 수는 있으나, 이들을 오늘날의 '집사'와 똑같이 간주하여 집사도 설교와 성례를 시행할 수 있다고 주장할 수 없습니다—. 분명한 것은 '전도인', '복음 전하는 자', '전도자'로 번역된 이 동일한 헬라어 단어는 전도할 사명을 가진 모든 신자를 가리키는 말이 아닙니다. 오히려 이 단어는 초대 교회 시대에 교인들에게 말씀을 전하는 것과 관련한 특별한 은사를 가진 사람들을 가리키는데 사용되었습니다.

그러므로 이 본문 역시 모든 성도들에게 주시는 성령님의 말씀이긴 하지만, 적용하는 방법에 있어서는 차이가 있습니다. 목회자는 말씀을 신실하게 전파해야 할 사명을 되새겨야 하는 반면, 일반 성도들은 말씀을 잘 들어야 할 사명을 인지해야 합니다.

너는 말씀을 설교하라!

사도 바울은 목회자인 디모데에게 "말씀을 전파하라"고 명합니다. 우리들이 일반적으로 이 말씀을 읽거나 들을 때, 길거리에 나가서 불신자들에게 전도하는 모습을 연상하기 쉽습니다. 그러나 여기서의 '전파하라'는 말을 '설교하라'는 명령으로 이해하면 훨씬 더 이 본문의 문맥에 걸맞은 해석이 됩니다.[2] 물론 때때로 불신자들이 그 대상이 될 때도 있겠지만, 이 본문에서 디모데가 말씀을 전파해야 할 대상은 신자들입니다. 디모데는 신자들에게 설교하라는 명(命)을 받았습니다.

우리는 여기서 복음 선포의 일차적인 대상이 누구인지를 분명히 알게 됩니다. 복음을 들어야 할 우선적인 대상은 언약 백성들입니다. 다시 말하면, 그리스도를 고백하여 교회 안에 들어와 있는 성도들입니다. 언약의 외인들, 즉 교회 바깥의 불신

---

2) 신약에는 설교를 의미하는 여러 어휘들이 있는데, '케뤼세인', '유앙겔리스다이', '디다스케인', '프로페튜에인', '디아코니아 투 로구' 등이 그것입니다. '케뤼세인'은 원래 왕의 이름으로 그의 뜻을 알리는 사자(herald)가 그 왕의 권위에 근거하여 공적으로 선포하는 일을 가리킵니다. '유앙겔리스다이'는 기쁜 소식을 전한다는 뜻입니다. '디다스케인'은 가르치다는 뜻입니다.

자들이 복음을 듣는 것은 순서상 그 다음입니다. 이는 선교하는 교회가 해야 할 매우 중요한 원리입니다. 성도들은 다른 이들에게 복음을 전해주기 전에 먼저 자신이 이 복음을 지속적으로 새겨듣고 바르게 깨달아야 합니다(고전 15:1 이하).

이는 선교 현지의 교회 역시 귀담아 들어야 할 중요한 원리입니다. 바울이 보낸 목회서신들의 수신자였던 디모데와 디도는 선교 현지의 교회에 파송된 (또는 남겨진) 선교사들이기도 했기 때문입니다. 그러므로 우리는 이 목회 서신을 선교적 관점으로도 읽을 수 있어야 합니다. 이제 자신의 죽음을 앞에 두고 사도 바울은 이들에게 무엇보다도 "설교하라"고 명합니다. 선교사의 가장 중요한 임무는 선교 현지의 교회에서 '설교'하는 일입니다. 물론 선교 현지의 교회들 가운데는 지하 교회도 있을 것입니다. 그러나 여기서도 선교사의 가장 중요한 임무는 그들에게 말씀을 설교하는 일입니다.

그리스도께서는 이 땅 위에 오셔서 하나님의 택하신 백성들을 위한 구속 사역을 당신의 십자가와 부활을 통해 단번에

'프로페튜에인'은 예언하다는 뜻인데, 하나님의 섭리 가운데 숨겨져 있던 것을 밝혀 전하는 일을 가리킵니다. 그리고 '디아코니아 투 로구'는 말씀의 봉사라는 뜻입니다.이 용어들이 갖는 의미에 대해서는 허순길, *개혁주의 설교*(서울: 기독교문서선교회, 1996), 27-31을 참고하십시오. 여기서 우리가 눈여겨보아야 할 점은 사도 바울이 딤후 4:2에서 '케뤼세인'과 같은 단어인 '케뤽손'(전파하라)을, 또 '디다스케인'의 명사인 '디다케'(가르침)를, 그리고 5절에서 '유앙겔리스다이'의 명사인 '유앙겔리스투'(전도인의)를 사용하고 있다는 사실입니다. 이는 바울이 디모데에게 거리 전도가 아니라 교회 안에서 지속적인 말씀 사역을 할 것을 명하고 있다는 강력한 증거입니다. 그리고 이는 목회서신인 디모데후서 전체의 내용과도 잘 부합됩니다.

(once-for-all) 이루셨습니다. 사도들은 그리스도께서 단번에 이루신 이 구원의 기반 위에 교회를 세웠습니다. 이제 목회자요 선교사인 디모데가 할 일은 사도들이 전한 참 복음을 설교함으로 이 교회를 굳건히 지키고 진리 안에서 자라게 하는 것입니다. 설교는 선교에 있어서 가장 중요하고 핵심적인 사역입니다.

우리는 이 본문에서 '설교하라'는 명령의 목적어가 '말씀'이라는 사실에 주목해야 합니다. 성경은 설교의 재료입니다. 복음에 대한 바른 이해, 하나님의 말씀에 대한 바른 이해는 선교사가 갖추어야 할 필수적인 덕목입니다. 성경이야말로 선교 현지에 "구원에 이르는 지혜"(딤후 3:15)를 가져다주는 유일한 통로이기 때문입니다.

선교 현지의 사정에 따라 선교사는 때때로 컴퓨터나 여러 전문적인 기술을 필요로 하기도 합니다. 그러나 이러한 것들이 '설교'의 중요성을 앞서지 못합니다. 복음에 대한 이해가 조금 부족하지만 다른 많은 조건들을 갖춘 사람보다는, 그러한 것들이 조금 부족할지라도 성경을 바르게 전하고 가르칠 수 있는 사람이 더 필요합니다.

설교의 권위

사도 바울은 디모데에게 "너는 말씀을 설교하라"고 명령합니다(딤후 4:2). 이를 죽음을 앞둔 바울의 유언 정도로 생각해서는 안 됩니다. 이 명령이 바울 자신의 소원을 담고 있긴 하지만, 그 권위는 인간의 유언이나 소원을 넘어선 것입니다. 1절에서 바울은 이렇게 선포합니다.

> "하나님 앞과 산 자와 죽은 자를 심판하실 그리스도 예수 앞에서
> 그의 나타나실 것과 그의 나라를 두고 엄히 명하노니" (딤후 4:1)

이 구절은 다음과 같은 구조로 이루어져 있습니다.

> "나는 엄히 명한다
> i) 하나님과
> ii) 산 자와 죽은 자를 심판하실 예수 그리스도와
> iii) 그분의 나타나심과
> iv) 그분의 왕국 앞에서"

'설교하라'는 이 명령은 i)하나님 앞에서 ii)심판주이신 그리스도 앞에서 iii)그분의 강림 앞에서 iv)그분의 왕국 앞에서 주어진 두려운 사명입니다. 설교 명령은 신적인 권위로 주어졌습니다. 만일 디모데가 이 명령에 순종하지 않으면, 그는 바울의 유언이나 소원을 들어주지 않는 것이 아니라 신적 권위에 도전하는 죄를 범하게 됩니다. 만일 누구든지 디모데가 전하는 참된 설교를 받아들이지 않는다면, 그는 하나님께 도전하는 결과

를 초래하게 됩니다.

사도 바울은 이제 얼마 후면 죽게 될 것입니다(딤후 4:6). 그리고 열두 사도들—그리스도의 공생애 기간에 그분과 동행하면서 고난과 부활의 목격자(증인)[3]가 되었던—도 하나씩 죽어갈 것입니다(물론 행 12장에 의하면, 요한의 형제 야고보는 사도 바울보다 더 일찍 죽었습니다). 그러나 사도들이 죽은 이후에도 하나님의 구원 역사는 설교라는 통로로 계속 이어질 것입니다.

오늘날의 그리스도인들이 사도들의 죽음을 실감하기란 무척 어렵습니다. 그들의 죽음은 주후 1세기 세계 각지의 교회들에는 매우 심각한 사건이었습니다. 예수님께서 십자가에 달려 돌아가셨을 때, 사도들은 매우 두려워하며 염려했습니다. 그들의 정체성과 삶의 모든 방향이 그분께 달려 있었기 때문입니다. 그러나 예수님께서는 사도들의 이러한 연약함을 잘 아셨습니다. 더 나아가 당신께서 후일에 하늘로 올라가신 이후의 대비책까지도 이미 준비하고 계셨습니다. 하늘의 영광 가운데 좌정하신 그리스도께서는 사도들에게 보혜사 성령을 보내주셨습

---

3) '증인(마르튀스)'이라는 단어와 관련하여 재미있는 사실은 사도행전에서 이 단어가 단 한 번도 '모든 신자'를 가리키는데 사용되지 않았다는 점입니다. 이 단어는 부활하신 예수 그리스도를 직접 목격한 사람, 즉 '목격자'를 지칭할 때에만 사용되고 있습니다. 따라서 사도행전에서 '증인'이라고 할 때, 예수님께서 부활하신 것을 믿기만 하는 사람이 아니라 부활하신 그분을 직접 만난 사람을 가리킵니다. 이러한 의미에서 사도들은 가장 중요한 증인들입니다(눅 24:48; 행 1:8). 오늘날의 모든 신자들은 사도행전과 같은 일차적 의미에서의 증인(목격자)이 아닙니다. 우리들은 증인(목격자)들의 증언(성경)에 기초하여 다시 전하는 이차적인 의미에서의 증인입니다.

니다. 믿음과 지혜와 능력, 이 모든 면에서 연약했던 사도들은 성령님을 통해 진리 가운데로 인도하심을 받아(요 16:13) 담대히 예수님을 전했습니다.

예수님의 직접적인 증인들인 사도들이 한 분씩 죽어가는 것은 초대 교회 성도들에게 있어서 매우 충격적이며 슬픈 일이었음에 틀림없습니다. 신약 교회의 첫 번째 시대가 이제 저물고 있기 때문입니다.[4] 특히 이방 세계의 교회들에게 있어서 사도 바울의 죽음이 주는 충격은 가히 우리가 예상하는 바 그 이상이었을 것입니다. 그런데 바로 이 이방인의 사도가 죽음을 앞두고 목회자요 선교사인 디모데에게 신적 권위로 엄명하고 있는 것입니다.

"너는 말씀을 설교하라!

나는 이제 얼마 후면 죽게 될 것이지만,

너는 설교를 통해 그리스도의 몸된 교회를 보존하라!"

하늘로 떠나신 그리스도께서는 약속하신 대로 사도들에게 진

---

4) 사도들 역시 교회의 구성원이라는 점에서는 주후 1세기 당대의 성도들 및 오늘날의 우리와 아무런 차이가 없습니다. 그러나 그들이 동시에 '교회의 터'로서의 역할을 감당했다는 점에서 일반 성도들과는 전혀 다른 기능적 차이점을 가지고 있습니다(엡 2:20). 교회는 그들의 터 위에 세움을 입었습니다. 터는 두 번 닦지 않는 법입니다(고전 3:10-11; 골 1:23; 딤후 2:19; 히 6:2). 단 한 번뿐입니다. 이러한 의미에서 사도들은 교회의 창설 직분자들이었습니다. 이에 대해서는 앞의 제 1장 "제자를 삼으라"(마 28:19-20)를 참고하십시오.

리의 성령을 보내주셨습니다(요 14-16장; 눅 24:49; 행 1:4-5, 8; 2장). 그리고 이제 그리스도를 따라 이 세상을 떠나게 될 사도들은 이 땅 위의 교회에게 진리의 말씀으로 설교하는 강단을 남겨두었습니다. 설교는 거짓의 아비인 사단의 공격으로부터 교회를 보호하고, 더 나아가 악한 자들의 진을 파하는 가장 강력한 무기입니다. 설교는 그리스도의 이름으로 세워지는 모든 교회에게 주어진 신적 명령입니다. 하나님의 군대 장관(수 5:13-15)이신 그분이 정복한 땅을 차지하여 지키는 자들을 회집하는 나팔입니다. 설교는 하늘 보좌에 계신 그리스도께서 '사도가 없는 사도적 교회'(엡 20:27-32)를 세우시고 보존하시는 도구입니다.

설교자의 자세

사도 바울은 디모데에게 설교할 것을 명령합니다. 이 명령은 바울 자신의 개인적 소망을 넘어 신적 권위로 주어졌습니다. 그리고 바로 그 다음에, 사도 바울은 여러 개의 동사를 사용하여 디모데가 어떻게 설교해야 할지를 지시합니다.

> "때를 얻든지 못 얻든지 항상 힘쓰라 범사에 오래 참음과 가르침으로 경책하며 경계하며 권하라" (딤후 4:2)

여기서 '때를 얻든지 못 얻든지'라는 말은 '과일(이나 곡식)이 제 철이든지(in season) 그렇지 않든지(out of season)'라는 뜻입니다. 그리고 '항상 힘쓰라'는 말은 '열심을 내어라'는 뜻이 아니라 '두다', '세우다'라는 뜻입니다. 이는 '어느 때에든지 (말씀을 설교할 수 있도록 그 말씀을) 굳게 세워라 (혹은 말씀 위에 굳게 서 있어라)', 또는 '어느 때에든지 (말씀을 설교할 수 있도록) 준비되어 있어라'는 뜻입니다. 선교사들은 말씀을 준비하는 것 외에도 과중한 업무와 바쁜 일정으로 인해 이를 소홀히 하기 쉽습니다. 옛날에는 외국에 한 번 나가는 것 자체가 무척 어려운 일이었지만, 요즘은 그렇지 않습니다. 방학이 되면 단기 선교 훈련, 비전 트립(Vision Trip) 등의 일정이 과다하게 중복되는 바람에, 선교사들은 선교 현지의 사역보다는 이것들에 많은 시간과 정열을 쏟아버리는 경우가 있습니다. 물론 이 역시 때때로 필요합니다. 그러나 선교 현지의 교회에게 말씀을 가르치고 전하는 일에 지장이 되지 않도록 주의해야 합니다.

'범사에 오래 참음과 가르침으로'를 직역하면 '모든 인내와 가르침 안에서'가 됩니다. 바울은 설교자의 (말씀을) 가르치는 사역과 인내를 한데 묶습니다. 말씀을 가르치는 사역에는 인내가 필요합니다. 그 이유는 조금 뒤에 설명하겠지만, 3-4절과 매우 밀접한 관련이 있습니다. 많은 성도들이 설교자가 전하는 하나님의 말씀을 잘 듣지도, 따르지도 않기 때문입니다. 그래서 설교자에게는 인내가 요구됩니다. 성도들의 믿음과 삶이 빨리 변화되지 않을 때, 설교자는 실망하기 쉽습니다. 이제 되었다 싶으면 다시 제자리로 돌아가는 것 같은 때가 한두 번이 아닙니다. 하지만 설교자는 인내를 가지고 계속 말씀을 전해야 합니다. 이는 선교 현지의 선교사들에게도 똑같이 적용됩니다. 빠른 시일 안에 열매를 맺을 때도 있지만, 그렇지 못한 경우가 훨씬 많습니다. 바로 그때, 당장 눈앞에 나타나는 결과를 얻기 위해 꾸준한 말씀 사역 대신 다른 방법에 의존하기 쉽습니다. 말씀 사역에 인내가 함께 결부되어 있어야 함을 잊어버리기 쉽습니다. 그러나 이 둘은 결코 떨어질 수 없습니다. 이 둘은 모두 한 분 성령님의 사역입니다(딤후 3:15-16; 갈 5:22-23).

'경책하며, 경계하며, 권하라'는 이 세 개의 명령형 단어들은 모두 설교의 내용과 관련이 있습니다. 각각 의미상의 차이점도 갖고 있지만, 한 가지 중요한 공통점이 있습니다. 그것은 '강하게 훈계하라(꾸짖어라)'는 것입니다. 이는 '책망'이 설교자에게 있어서 얼마나 중요한 사역인지 잘 보여줍니다.

'경책하라'는 단어는 '밝히 드러내라', '비난하라', '정죄하라'는 뜻입니다. '경계하라'는 단어 역시 '질책하라', '꾸짖어라', '비난하라'는 뜻으로 '경책하라'와 유사한 의미를 담고 있습니다.[5] '권하라'는 단어는 한글의 어감으로는 꾸짖음과 그리 깊은 관계가 없는 것처럼 느껴집니다. 물론 이 말에는 '위로하다', '권면하다'라는 뜻도 있습니다. 그러나 행 25:2에서 이 단어는 대제

---

5) 이 단어는 베드로가 예수님의 대속의 죽으심을 가로막으면서 한 말에서도 사용되었는데, 한글개역성경에서는 '간하여'로 번역되었습니다(마 16:22). 이는 베드로가 예수님의 구속 사역을 '질책하고', '꾸짖고', '비난했음'을 잘 보여줍니다. 바로 그 순간, 그는 예수님의 구원 사역을 가로막는 사단의 입이 되었고, 주님으로부터 "사단아 내 뒤로 물러가라"는 책망을 들었습니다.

사장들과 유대인들이 사도 바울을 법정에 '고소하다'라는 뜻으로 사용되었습니다. 이 단어에서 파생된 명사인 '권하는 사람'이라는 말이 요 14-16장에서 여러 번 나타나는데, 우리가 잘 아는 '보혜사'라고 번역된 단어입니다. 이 '보혜사'라는 말은 '위로자'라는 뜻도 되지만, 한편으로는 '책망하는 사람'이라는 의미도 그 속에 포함되어 있습니다. 그래서 보혜사이신 성령님께서는 '죄에 대하여 의에 대하여 심판에 대하여 세상을 책망하는 일'을 하십니다(요 16:8).[6]

이상에서 본 바와 같이 '경책하며, 경계하며, 권하라'는 이 세 개의 단어들은 설교가 지니는 신적 권위를 드러냅니다. 선교의 중심에 설교가 있다는 사실은 선교의 심판적 측면을 잘 보여줍니다. 하나님의 말씀 속에서 죄에 대한 심판을 드러내지 않고 오직 위로만을 전할 때 선교의 열매가 훨씬 풍성해질 것 같지만, 성경은 그렇게 말씀하지 않습니다. 사도 바울은 디모데가 선포하는 설교의 심판적 사역을 통해 선교와 구원 역사가 계속 이어질 것을 전했습니다.[7]

---

6) 이 단어가 갖는 법률적 의미와 책망하는 사역에 대해서는 고재수(N. H. Gootjes), 『구속사적 설교의 실제』(서울: 기독교문서선교회, 1987 [1991]), 137-144, 즉 18번째 설교인 "보혜사의 책망(요한복음 16:8-11)"을 참고하십시오.

7) 반더발(C. van der Waal)은 소위 '복음주의' 교회들, 심지어는 개혁신앙을 고백하는 교회들의 예배 속에서 이전보다 시편 찬송—언약의 보응인 심판이 강하게 나타나 있는—이 차지하는 비중이 줄어드는 현실과 함께 현대 설교에서 심판의 측면

설교해야 할 이유

우리는 여기서 한 가지 의문을 품게 됩니다. 이는 목회와 선교에 있어서 설교가 그 정도로 절대적인 중요성을 가지는 이유가 무엇일까 하는 것입니다. 사도 바울은 바로 다음 구절에 이에 대해서도 설명합니다.

> "때가 이르리니 사람이 바른 교훈을 받지 아니하며 귀가 가려워서 자기의 사욕을 좇을 스승을 많이 두고3 또 그 귀를 진리에서 돌이켜 허탄한 이야기를 좇으리라4" (딤후 4:3-4)

한글개역성경에서는 번역이 생략되었는데, 3절 말씀 앞에는 원래 '왜냐하면'이라는 단어가 있습니다. 즉, 3-4절은 디모데가 설교해야 할 이유를 담고 있습니다. 이는 디모데뿐 아니라 모든 목회자와 선교사, 그리고 모든 성도들이 귀담아 들어야 할 내용입니다. 이해를 돕기 위해 3-4절 말씀을 직역하여 다시 구조적으로 배열하면 다음과 같습니다.

이 사라져가는 경향에 개탄하면서 "반쪽 복음은 복음이 아니다"라고 역설합니다. "하나님의 심판이 배제된 복음은 복음이 아니다. … 말씀 전파에서 이러한 면을 빠뜨리는 복음 전도는 (기존 교회에서나 선교지에서) 다음과 같은 말을 듣는 복음을 전하는 것이다. '모든 사람이 너희를 칭찬하면 화가 있도다 저희 조상들이 거짓 선지자들에게 이와 같이 하였느니라'(눅 6:26)." C. van der Waal, 반더발의 성경언약 연구(서울: 나침반, 1995), 261, 263.

"왜냐하면 ~ 때가 올 것이기 때문이다.

 i) 그들이 건강해지는 교훈을 견디지 못할,

 ii) 오히려 스스로 자기의 사사로운 정욕을 따라 그 (한 쪽)
　　 귀를 긁어주고 있는 거짓 교사들을 (무더기로) 쌓아놓을,

 iii) 그리고 그 (나머지 한 쪽) 귀[8]를 그 진리로부터 돌이켜 그
　　 신화들 위에서 외면할"

　성령님께서는 바울 사도를 통해 어떤 한 그림을 보여주고 계십니다. 이것은 하나님의 백성들이 역사를 통해 익히 알고 있던 어떤 유명한 그림입니다.

　• 화가: 여호와
　• 배경: 갈멜산
　• 모델: 엘리야와 850명의 거짓 선지자들, 그리고 아합 왕과
　　　　 이스라엘 백성들

　한 쪽에는 엘리야가 서 있고, 다른 한 쪽에는 바알과 아세라를 섬기는 850명의 거짓 선지자들이 서 있습니다. 이들에게서 조금 떨어진 자리에 이스라엘 백성들이 그들을 지켜보고 있습

---

8) 여기 3절과 4절에서 각각 '귀'라는 단어를 사용하고 있다는 점이 독특합니다. 사도 바울은 '텐 아콘'(그 귀)이라는 이 헬라어를 똑같이 단수로 두 번 사용하여 사람들이 한 쪽 귀로는 거짓 교사들의 설교를, 다른 한 쪽 귀로는 디모데의 설교를 듣고 있는 모습을 그려줍니다. 이 모습은 디모데와 거짓 교사들의 대결 장면을 연상시킵니다.

니다. 엘리야와 850명의 거짓 선지자들은 이 구약 교회를 향해 각기 큰 소리로 자신이 섬기는 신이 참된 하나님이라고 외칩니다. 청중들은 눈을 동그랗게 뜨고 고개를 갸우뚱하면서 과연 어느 쪽 제단에 불이 떨어질 것인지 지켜보고 있습니다.

바울은 이 갈멜산 그림에 살짝 덧칠을 하고 있습니다. 그는 약대 털옷을 입은 엘리야의 주름살을 지우고 젊은 디모데로 그 얼굴을 바꿉니다. 850명의 거짓 선지자들의 얼굴은 바꿀 필요가 없습니다. 그들의 얼굴은 이상하리만치 신약 시대의 거짓 교사들의 얼굴과 닮아 있기 때문입니다. 이스라엘 백성들의 얼굴도 바꿀 필요가 없습니다. 이들의 얼굴은 디모데의 설교를 듣고 있는 성도들의 얼굴과 똑같이 생겼습니다. 이들은 한 쪽 귀로 디모데의 설교를 듣고 있습니다. 그리고 다른 한 쪽 귀로는 수많은 거짓 교사들의 설교를 듣고 있습니다.

갈멜산 그림에서 가장 많이 바뀐 부분은 두 곳입니다. 하나는 제단입니다. 엘리야가 기도할 때 하늘에서 불이 떨어져 그 제단을 태웠지만, 지금 그 불은 디모데의 입에서 나오고 있습니다. 그 불은 오순절에 이미 하늘에서 떨어졌지만, 똑같은 불씨가 디모데의 입에서 나와 성도들의 귓속으로 들어가고 있습니다. 갈멜산의 제단은 골고다 언덕과 마가의 다락방으로 변하는가 싶더니 이제 성도들 자신의 모습으로 변해 있습니다. 하나님께서는 디모데가 전하는 말씀의 불로 성도들을 태우려 하십니다. 그들은 산 제사로 드려져야 할 제물들이기 때문입니다.

다른 하나는 성도들의 반응입니다. 이들의 얼굴은 엘리야와 거짓 선지자들을 지켜보고 있던 이스라엘 백성들과 똑같지만, 그 행동은 전혀 다릅니다. 이스라엘 백성들은 하늘에서 떨어진 불을 보고는 엎드려 이렇게 외칩니다. "여호와 그는 하나님이시로다 여호와 그는 하나님이시로다"(왕상 18:39). 그리고 그들은 이제 엘리야의 말에만 귀를 기울입니다. 엘리야의 말을 듣고 거짓 선지자들을 잡아서 죽입니다(왕상 18:40). 그러나 이 부분에서 이 그림은 너무나도 판이하게 바뀌어 있습니다. 지금 바울이 덧칠한 그림 속에 등장한 많은 청중들은 오히려 거짓 교사들의 음성을 듣습니다. 거짓 교사들이 가려운 귀를 시원하게 긁어주자, 청중들은 디모데를 향해 열려 있던 나머지 한 쪽 귀마저 그곳으로 돌려버립니다.

바울은 이 그림을 통해 설교의 중요성을 역설하고 있습니다.

> "나는 순교하겠으나, 이제는 핍박 대신 배교의 시대가 올 것이다. 그때가 되면 수많은 거짓 교사들이 성령의 불처럼 갈라지는 말씀 대신 달콤하게 속삭여주는 설교로 다가올 것이다. 그래서 많은 사람들이 그들의 말에 현혹되어 참된 진리의 말씀에 귀를 닫는 때가 올 것이다. 용의 모습으로 나를 핍박하고 죽일 사단은 이제 옛 뱀의 모습으로 그들에게 다가와 교회를 무너뜨리려 할 것이다. 디모데야! 너는 말씀을 끝까지 설교하라! 이것이 너에게 주어진 고난이다."

우리가 잘 알고 있듯이 디모데후서의 주제는 "복음과 함께 고난을 받으라"(딤후 1:8)입니다. 그러나 바울은 이 서신에서 핍박에 대한 내용을 별로 언급하지 않습니다. 오히려 그는 "설교하라"고 명령합니다. 하지만 이 명령은 이 서신의 주제에서 벗어난 엉뚱한 말이 아닙니다. 바울은 아마도 얼마 지나지 않아 순교할 것입니다(딤후 4:6). 그는 수많은 핍박을 당했으며, 그리스도를 위해 복음과 함께 오는 고난을 기쁘게 감내했습니다. 바울은 디모데에게도 복음과 함께 고난을 받으라고 명령합니다. 그러나 디모데가 받아야 할 고난은 바울이 당했던 핍박과는 다른, 거짓 교리와 배교의 모습으로 다가올 것입니다. 디모데는 성령의 검인 말씀의 화염검으로 이 무서운 시대 가운데서 새로운 에덴 동산인 교회를 지켜내야 합니다. 거짓 교사들과 거짓 교리가 난무하는 가운데서도 끝까지 성경을 붙들고 설교하는 것이 디모데가 받아야 할 고난입니다. 그리고 이는 모든 시대의 목회자들과 선교사들이 받아야 할 고난이기도 합니다.

문화적 차이, 재정적인 압박, 후원 교회의 오해, 자녀의 교육 문제, 건강 악화, 현지 교인들의 배신 등 선교사들은 때때로 이루다 말할 수 없는 고난을 겪습니다. 그러나 이들이 무엇보다도 잊어서는 안 될, 그리고 꼭 겪어야 할 고난이 있습니다. 복음을 바르게 가르치고 전해야 하는 설교라는 고난입니다. 찢어지는 가슴을 부여잡고 인내하는 가운데, 성도들을 향하여 쉬지 않고 말씀을 전하는 것입니다. 이들이 설교라는 화염검을 굳게 잡고 있을 때, 그리스도께서 자신의 물과 피로 푹 적셔 가꾸어놓으신 이 동산은 침입자의 궤계를 능히 대적할 수 있을 것입니다.

제3장

장로들을 택하여 세우다

선교 현지 교회의 보존과 계승
: 목사와 장로

각 교회에서 장로들을 택하여 금식 기도하며 저희를 그 믿은 바 주께 부탁하고

행 14:23

내가 너를 그레데에 떨어뜨려 둔 이유는 부족한 일을 바로 잡고 나의 명한 대로 각 성에 장로들을 세우게 하려 함이니

딛 1:5

전도 여행?

우리는 사도 바울의 선교 사역을 일반적으로 '바울 전도 여행'이라고 부릅니다. 이 말을 꼭 틀렸다고 할 수는 없습니다. 그러나 이 용어 때문에 전도와 선교에 대한 잘못된 선입관이 생겨난 것도 사실입니다.

우리들은 '전도 여행'이라고 이름 붙인 각종 프로그램들을 주위에서 쉽게 볼 수 있습니다. 필자 역시 대학 시절, 이름만 들으면 금방 알 수 있는 어느 유명한 선교 단체에서 '○○ 전도 여행'이라는 이름으로 참가자들끼리 조를 짜서 최소한의 경비로 국토를 순례하면서 전도도 하고, (농활 등의) 일도 해주고, 밥

을 얻어먹기도 하는 프로그램을 본 적이 있습니다. 이뿐 아니라 십 여년 전에는 목회자 부부 10여 명이 이와 비슷한 전도 여행 중에 필자가 시무하던 교회에 찾아온 적도 있었습니다. 그분들의 말로는 2-3주 정도 이곳에 기거하면서 마을에 전도를 하여 교회를 부흥시켜줄 테니 숙식만 제공해 달라는 것이었습니다. 그분들이 이 프로그램에 참여한 본래 취지는 사도 바울의 전도 방법을 직접 체험함으로써 자신들의 목회지에 부흥의 불길이 일기를 원하는 것이었습니다. 또한 필자가 선교 현지에서 사역하던 1994년에는 자연스럽게 한국에서 단기 선교 훈련으로 오는 팀들을 만날 기회가 잦았습니다. 선교 훈련에 참가한 이들은 각기 나름의 비전과 열의를 가지고 있었습니다. 그리고 비록 짧은 기간이지만 열심히 전도하고 기도하는 모습이 참으로 대견하기도 했습니다.

우리는 이상의 전도 (혹은 선교) 프로그램들이 가지고 있는 다양한 장점들을 함부로 무시해서는 안 됩니다. 그것들도 나름의 유익이 있습니다. 전도 (혹은 선교) 프로그램을 주도하거나 참가하는 이들은 주로 사도 바울의 선교 사역을 교과서로 사용합니다. 이들의 마음속에는 일생을 다 바쳐 복음을 전한 사도 바울을 본받아, 비록 단기간일지라도 그것을 체험코자 하는 소망이 강하게 깃들어 있습니다. 그러나 대부분의 경우, 한 가지 잘못된 선입관을 내재하고 있습니다. 그것은 바울의 선교 사역을 주로 '대중 전도'의 개념으로 이해한다는 점입니다. 그리고 그의 선교 사역의 중요한 목표 중 하나였던 '장로를 택하여 세우는 것'을 간과한다는 점입니다.

실제로 사도 바울은 자신의 평생에 걸쳐 선교 사역을 하면서 기회가 닿을 때마다 전도했습니다. 그러나 그것이 그의 선교 사역의 전부가 아니었습니다. 사도 바울의 선교 사역은 우리가 흔히 짐작하는 것과는 달리, 이 마을에서 복음을 전하다가 다시 저 마을로 가서 복음을 전하는 식의 소위 길거리 전도가 아니었습니다.[9] 그의 선교 사역은 매우 뚜렷한 한 가지 목표를 향하고 있었습니다. 그것은 선교 현지에 교회를 건설하는 일이었습니다.[10] 일반적으로 바울은 "각 교회에서 장로들을 택하여 금식 기도하며 저희를 그 믿은 바 주께 부탁"(행 14:23)한 후에야 선교 현지를 떠나는 방식을 취하였습니다. 그리고 그의 선교 사역의 이러한 특징은 후일에 2차 선교 사역을 시작하게 된 중요한 동기가 되었습니다.[11] 이는 그의 사역이 단기간에 무작위적인 대중 전도의 방식으로 복음을 전한 후에, 아무런 대책 없이 무작정 떠나버리는 형태의 선교가 아니었음을 잘 보여줍니다. 그는 선

---

9) 사도행전에 의하면, 사도 바울은 특별한 경우를 제외하면 매우 일관성 있게 선교 현지에 있는 유대인의 회당을 찾아 안식일의 예배 중에 설교할 기회를 얻어 복음을 전했습니다. 이는 그의 선교 방식이 오늘날의 길거리 전도와는 상당한 차이가 있음을 보여줍니다.

10) 예수 그리스도께서 사도들에게 주신 대사명이 '교회 건설'이라는 점에 대해서는 이 책 제 1장을 참고하십시오.

11) "수일 후에 바울이 바나바더러 말하되 우리가 주의 말씀을 전한 각 성으로 다시 가서 형제들이 어떠한가 방문하자 하니" (행 15:36)

교 현지에 교회를 건설하고, 그 교회가 참 복음 위에서 존립하도록 장로들을 택하여 세웠습니다. 그리고 각 교회들의 신앙의 일치와 성장을 확인하기 위해 그곳을 재차 방문하였습니다.

장로들을 택하여 세우다

바울은 자신을 따라다니면서 동역했던 디도를 그레데에 남겨둔 적이 있었습니다. 그 이유 중 하나는 "각 성에 장로들을 세우게 하려 함"(딛 1:5)이었습니다. 이는 우발적인 일이 아니라 바울의 사도적 명령에 의한 것이었습니다. 그래서 사도 바울은 디도서에서 "나의 명한 대로"라고 함으로써 디도에게 그 사역의 중요성을 다시금 일깨워주고 있습니다. 사도 바울은 선교 현지에서 장로들을 세우는 일이 그만큼 중요했기 때문에 동역자인 디도를 그레데에 남겨두었던 것입니다.

이 일은 비단 디도에게만 명한 것이 아니라 맨 처음 1차 선교 사역 때부터 바울 자신이 해왔던 선교 방식이었습니다. 바울과 바나바는 1차 선교 사역을 마감할 때, "각 교회에서 장로들을 택하여 금식 기도하며 저희를 그 믿은 바 주께 부탁"(행 14:23)한 후에 그곳을 떠나 자신들을 파송한 (수리아) 안디옥교회로 돌아와 이 모든 선교 사역을 보고했습니다(행 14:26-27). 이는 바울과 바나바의 선교 사역이 단순히 복음을 전하고 급하게 다른 곳으로 떠난—물론 유대인들의 강한 반대로 인해 급하게 떠난 적은 있었지만—방식이 아니었음을 잘 보여줍니다. 목회서신에 나타나 있는 장로 (또는 감독)의 자격(딤전 3:1-7; 딛 1:6-9)에 미루어보면, 신앙의 연륜이 짧은 사람을 이 직분에 걸맞은 사람으로 세울 수는 없었기 때문입니다.

장로직에 합당한 사람은 새로 입교한 자가 아니어야 했으며 (딤전 3:6), 불순종하는 일이 없는 믿는 자녀를 두어야 했고(딛 1:6; 딤전 3:4-5), 주위의 성도들이나 심지어는 교회 바깥의 불신자들에게까지도 인정을 받는 사람이어야 했습니다(딤전 3:2-3, 7; 딛 1:6-8). 그리고 무엇보다도 하나님의 말씀을 잘 이해하고 순종함으로써 이 말씀으로 다른 이들을 권면하고 책망하는 일을 감당할 수 있는 사람이어야 했습니다(딛 1:9). 이러한 조건들을 갖추기 위해서는 신앙의 연륜, 그리고 하나님의 말씀에 대한 깊은 이해를 필요로 합니다. 이런 사람을 선교 현지에서 양육하여 장로로 택하기까지는 일반적으로 상당히 오랜 기간을 필요로 합니다.[12]

---

12) 하지만 이 모든 내용을 감안하더라도 의문을 가질 수 있습니다. 보통 10-20년 이상 신앙생활을 한 후에 장로로 피택되는 오늘날에 비해 바울 당대의 이방 교회들은 많은 경우, 설립된 지 몇 년이 채 지나지 않아 장로들이 세워졌기 때문입니다. 그러나 이는 당대의 특수한 상황을 이해할 때, 쉽게 납득이 됩니다. 당시의 이방 교회 안에는 다수의 디아스포라(해외파) 유대인들—유대교에서 개종한—이 포함되어 있었을 뿐 아니라 이전에 유대교에 입문했다가 개종한 이방인—'하나님을 경외하는 자(God-fearer)'(cf. 행 10:2)로 불리기도 했던—들도 다수 포함되어 있었습니다. 바울은 새로운 선교 지역에 도착할 때마다 될 수 있는 한 안식일에 유대인의 회당에 가서 복음을 전했습니다. 비록 대부분의 청중들은 그가 전하는 복음에 대항했지만, 동시에 그들 중 다수가 세례를 받아 그리스도인이 되었습니다. 그때 복음을 받아들인 새신자들의 상당수는 이미 구약성경에 매우 친숙한 사람들이었습니다.

선교에 있어서 장로직의 중요성: 말씀과 성례와 권징

사도 바울은 각 교회에서 택하여 세우심을 입은 장로들을 위해 '금식 기도'했습니다. 그리고 그 장로들을 '그 믿은 바 주께 부탁'했습니다. 이는 사도들이 떠난 뒤에 장로들이 해야 할 일이 얼마나 중요한 것이었는지를 단적으로 보여줍니다. 장로들은 사도들이 없는 가운데서 그리스도의 몸된 교회를 돌보는 사역을 맡았습니다. 이로부터 오랜 세월이 지난 후, 바울은 3차 선교 사역을 마감할 때에도 에베소교회의 장로들을 밀레도로 오게 하여 그들에게 하나님의 말씀으로 양무리(교회)를 칠 것을 당부했는데, 그 이유 역시 이와 동일한 원리 때문이었습니다(행 20:17-38). 로마 천주교는 거짓 사도(교황)를 내세워 자신들이 사도적 교회임을 주장하지만, 사도 바울 그리고 신약 성경은 '사도 없는 사도적 교회'를 내다보고 있습니다. 장로들은 '사도 없는 사도적 교회'를 세우기 위해 택하여 세우심을 입은 자들입니다.[13]

우리들이 잘 아는 대로 '장로'중에는 다스리는 일을 하는 장로와 가르치는 일까지 함께 하는 장로(목사)가 있습니다(딤전 5:17). 이는 장로의 사역이 무엇인지 잘 보여줍니다. 가르치는 장로는 말씀과 성례를 집행합니다. 그리고 가르치는 장로와 다스리는 장로는 함께 치리와 권징을 시행합니다. 하늘 보좌에 계

---

13) 16세기 개혁자들은 사도의 후계자라고 자처하는 교황이 있는 교회가 사도적 교회(Apostolic Church)가 아니라 사도적 복음(Apostolic Gospel)이 참되게 선포되는 교회야말로 사도적 교회라고 가르쳤습니다.

신 그리스도께서는 '사도 없는 사도적 교회'를 보존하시려고 장로들을 통해 말씀과 성례 그리고 권징을 시행하십니다.[14] 사도 바울은 자신의 선교지에 말씀과 성례와 권징을 시행할 사람들을 택하여 세웠습니다. 그리고 그들을 위해 금식 기도하고, 자신을 대신하여 교회를 돌보도록 '그 믿은 바 주께 부탁'하고 떠났습니다. 그리고 그 후에 이 교회들이 과연 자신이 애초에 전했던 참 복음 위에 굳건히 서 있는지 확인하기 위해 재차 방문했습니다.

선교는 이처럼 단순히 전도만 하는 정도를 넘어서 교회를 건설하고, 또 이 교회가 참 복음 위에서 계속 그 신앙을 상속해나가도록 장로를 세워 말씀과 성례와 권징을 시행하는 데까지 목표로 하고 있어야 합니다. 이렇게 함으로써 그 교회는 '사도 없는 사도적 교회'의 모습을 갖출 수 있게 됩니다.

루터, 쯔빙글리, 칼빈 등의 개혁자들이 한결같이, 올바른 말씀 선포와 올바른 성례가 있는 곳에 참 교회가 있다고 보았던 이유도 이와 맥을 같이 합니다. 이들은 이 성경적 원리를 통해 거짓 사도(교황)를 위시하는 로마 천주교의 실상을 고발하고, 사도적 복음의 기초 위에 교회를 굳건히 세웠습니다.

사도의 직분은 초대 교회 이후로 사라졌습니다. 오늘날에는 더 이상 사도가 존재하지 않습니다. 그러나 사도적 교회는 전

---

14) 바로 이 때문에 어느 교회가 참 교회인가 하는 것은 사도 (혹은 사도의 후계자)의 존재 여부에 달려 있는 것이 아니라, 말씀과 성례와 권징이 바르게 시행되는가에 달려 있습니다. 이것이 교회의 표징입니다.

(全) 세계 곳곳에 존재합니다. 장로들에 의해 올바른 말씀과 성례와 권징이 시행되는 교회야말로 사도적 교회이며, 참다운 보편 교회(Catholic Church)입니다.[15]

가르치는 장로인 목사들은 말씀과 성례를 시행함으로써 사도들이 전한 복음을 상속하는 중요한 역할을 감당합니다. 다스리는 장로들은 치리와 권징을 통해 교회와 세상의 경계선을 분명히 하며, 그리스도의 신부가 그 순결성을 유지하도록 힘씁니다. 바울은 사도인 자신이 떠난 이후에도 말씀과 성례와 권징을 통해 사도적 교회의 순수성이 지켜지도록 하려고 장로들을 택하여 세웠던 것입니다.

오늘날 우리들은 장로 제도와 선교의 직접적인 연관성을 잊어버리기 쉽습니다. 그러나 이는 선교가 단기적인 것으로 끝나지 않게 하시는, 즉 그리스도께서 다시 오실 그 날까지 교회를 보존하시고 성장시키시는 성령 하나님의 은혜요 놀라운 능력의 산물입니다.

장로의 선출: "택하여"

여기서 우리들이 눈여겨봐야 할 단어가 하나 있습니다. 그것

---

15) 초대 교회사의 정통 기독교 신조 중 하나인 니케아 신조(Nicene Creed)는 "우리는 거룩한 한 사도적 공교회(One, Holy, Catholic and Apostolic Church)를 믿습니다"라고 고백합니다. 여기서의 '카톨릭(Catholic)'이라는 말은 교회의 보편성을 의미합니다. 바티칸에 본부를 둔 교황 중심의 단체는 성경적인 보편 교회가 아니므로 엄격한 의미에서 '로마 카톨릭'이 아니라 '로마교'입니다. 사도적 복음을 간직한 교회야말로 진정한 의미에서의 '보편 교회(Catholic Church)'입니다.

은 행 14:23의 '택하여'라는 단어입니다. 행 14:23을 언뜻 보면, 사도 바울 자신이 직접 장로들을 택한 것처럼 보이지만 그렇지 않습니다. 물론, 바울은 그리스도께로부터 엄청난 권위를 위임 받은 사도였습니다. 하지만 그는 자신이 직접 장로들을 택하지 않고 교회로 하여금 장로들을 선출하도록 했습니다.

여기서 '택하여'라고 번역된 헬라어 '케이로토네산테스'는 원래 '거수(擧手)하다'라는 뜻입니다. 여기서 '선택하다', '임명하다'라는 뜻이 나왔습니다. '거수하다'라는 말은 원래 고대 사회의 투표를 의미합니다. 오늘날과 같이 비밀투표 제도가 일반화되어 있지 않던 당대에는 투표를 할 때, 손을 들어 자신의 견해를 표했습니다. 즉, 사도 바울은 '각 교회에서 장로들을 투표하여' 세웠습니다. 이는 목사와 장로가 될 자는 자신의 내적 소명뿐 아니라 교회 회중의 외적 증거, 즉 교회의 부름을 확인해야 함을 의미합니다.

개혁자 칼빈은 이 단어의 뜻 속에 포함되어 있는 투표의 방식을 언급함으로써 로마 천주교가 교회 회중의 부름과 아무런 상관없이 직분자들을 임명하는 작태를 비판하는 동시에 목사와 장로 직분의 성경적 의미를 회복하는데 기여했습니다.[16] 오늘날 개혁 교회(Reformed Church)와 장로 교회(Presbyterian Church)

---

16) 기독교 강요, 제 4권, 3:15. 칼빈은 행 14:23의 '택하여'가 거수하여 투표하는 행위임을 강조합니다. 그리고 사도인 바울 자신조차도 이렇게 한 것을, 투표 없이 디도 자신의 권위로 사람을 지명하여 세우도록 했을 리가 없다며 딛 1:5을 함께 설명합니다.

가 목사를 청빙할 때 투표를 하는 것, 그리고 장로를 택할 때 투표하는 것은 모두 이러한 성경적, 교회사적 기초 위에 있습니다.[17]

이 원리의 실제적인 적용

사도 바울의 선교 사역 가운데 각 교회에서 장로들을 투표하여 세운 일은 오늘날 선교하는 우리들에게 매우 중요하고 실제적인 원리들을 제공해줍니다.

1. 사도적 신앙의 상속

바울은 자신이 떠난 그 자리에 새로운 사도를 임명하는 대신 장로들을 투표하여 세웠습니다. 이는 사도들이 전한 참 복음을 상속하는 일이 선교에 있어서 얼마나 중요한 것인지를 잘 보여줍니다. 바울 서신과 공동 서신들에서도 잘 나타나는 바와 같이, 초대 교회의 가장 큰 이슈 중 하나는 각 지역 교회가 사도들이 전하고 가르친 복음과 일치된 신앙을 잘 고수하고 있느냐 하는 것이었습니다. 즉, 사도적 신앙을 상속하는 일이 선교 사역에 있어서 매우 시급하고도 중요한 문제였다는 것입니다. 만일 선교사들이 이 원리를 무시하고 사역한다면, 선교 현지 교

---

17) 오늘날 한국 내 장로 교파들 중 다수는 부목사를 청빙하는 경우에는 행정적인 편의를 위해 공동의회가 아닌 당회에서 약식으로 결정하도록 허락하고 있습니다. 물론 노회가 '장로들의 회'로서 최종적으로 이를 승인하긴 하지만, 당회의 약식 청빙 결정은 그다지 성경적이지 않습니다. 부목사 역시 공동의회를 통해 성도들의 투표로 청빙하는 것이 보다 성경적입니다.

회들은 선교사를 파송한 교회들과 상당히 다른 신앙을 가진 기형아가 되고 말 것입니다.

그러므로 선교 훈련 프로그램들과 선교사들의 사역 보고에는 선교 현지에서 선포되고 있는 복음의 내용이 성경과, 그리고 파송 교회의 가르침과 얼마나 일치하는지 확인하는 작업이 포함되어야 합니다. 단기 선교를 가더라도 열심히 전도하는 것 또한 때때로 필요하겠지만, 무엇보다도 선교 현지의 신앙과 가르치는 내용을 진지하게 살피는 것이 중요합니다. 훈련을 인도하는 지도자들은 팀원들에게 이를 잘 보여주어야 합니다. 인종, 언어, 음식, 의복 등의 문화 차이에도 불구하고 한국에 있는 교회들과 선교 현지의 교회들이 어떻게 동일한 사도적 가르침으로 한데 묶여 있는지를 확인해주어야 합니다. 선교 현지의 문화 체험은 단순히 한국과 이국 문화의 차이를 알게 하는 것으로 끝나서는 안 됩니다. 그러한 문화적 간격을 뛰어넘어 어떻게 동일한 신앙이 전달되고 보존되는지를 보여주는 데까지 나아가야 합니다.

이를 위해서는 선교 현지에서 이 신앙을 계승, 상속하도록 봉사하는 목사와 장로를 세우는 일이 필수적입니다. 당장은 그곳에 파송된 선교사가 그 일을 감당할지라도, 종국에는 그러한 직분을 수종할 사람들을 세워야 합니다.

2. 말씀과 성례를 거행할 목사를 양성

선교 현지의 교회에 말씀과 성례를 거행할 목사를 양성하는 일은 사도 바울의 선교와 맥을 같이 합니다. 목사 양성을 위해 꼭 필요한 사역이 있는데, 그것은 신학교를 세워 성경과 신학을 가르치는 일입니다. 이때 목사가 되기 위해 준비하는 이들은 내적 소명뿐 아니라 교회 회중들에 의한 외적 증거도 가지고 있어야 합니다.[18] 당장 사역자의 수가 모자라기 때문에 내·외적 소명에 대한 진지한 확인 없이 목사를 양성하는 것은 위험합니다. 특히 다른 이들에게 성경을 가르치고 설교하는 은사가 없는 사람을, 단지 열심이 있다는 이유만으로 목사가 되라고 권유하지 않도록 것을 삼가야 합니다. 물론 반대로 머리가 좋고 공부에 재능이 있다는 이유만으로 목사가 되라고 권유하는 것 역시 마찬가지입니다.[19]

---

18) 한국에서 개혁신앙을 고백하는 신학교들은 목회자가 되기 위해 입학하는 학생들에게 당회장 추천서와 노회 추천서를 요구합니다. 이는 교회의 외적 증거에 대한 성경적인 요구입니다. 오늘날 신학생들의 다수는 자신의 내적 소명에 비해 교회의 추천서가 갖는 중요성을 간과합니다. 필자는 담임 목사가 추천서를 써주지 않았다고 해서 교회를 옮겨 다른 목사에게 추천서를 받아 신학교에 지원하는 사례를 본 적이 있습니다. 신학생에게 추천서를 써주는 목사 역시 교회의 외적 소명의 중요성을 간과할 때가 있습니다. 그 학생이 내적 소명을 받았다고 하니 추천서를 형식적으로 써준 후에 입학시험에 합격하면 하나님의 뜻이고, 떨어지면 아니라는 식의 안일한 생각을 버려야 합니다. 목사와 당회는 그 이전부터 진지하게 그 학생의 신앙을 살피고 감독하는 가운데, 외적 소명을 확인한 후에 추천서를 써주어야 합니다. 즉, 지원자의 내적 소명의 결과로 교회의 추천이 있는 것이 아니라 교회가 그 사람의 신앙을 감독하는 가운데 사명자로 불러내어 신학교로 보내는 것입니다.

19) 예수님께서 언제 재림하실지 모르는 급박한 시기이므로 체계적인 신학교육을 통해 목사를 양성할 시간과 인력이 부족하다고 생각한다면, 현지 교회에게 일치된

이뿐 아니라 그들에게는 성경 원어, 구·신약 개론과 석의, 교회사와 교의학, 봉사신학 등에 대한 균형 있는 가르침이 필요합니다. 이를 위해 교수 선교사 파송에 대한 진지한 논의가 있어야 합니다.[20] 선교사들의 보고 가운데, 현지에서 사역하다가 신앙고백이 다른 신학교에서 강의할 기회를 얻게 되었다는 소식을 자주 듣습니다. 물론 이로 인한 긍정적인 효과를 무시할 수는 없지만, 신앙의 일치 속에서 통일성 있고 체계적인 신학을 가르치는 기관과 사역자가 궁극적으로 필요합니다. 선교사로 가기를 원하는 사람은 성경과 신학에 대한 통찰력과 더불어 이를 다른 사람에게 잘 교수할 수 있는 사람이어야 합니다. 물론 이 모든 일이 쉽진 않지만, 어렵고 오랜 시간이 걸린다고 해서 이 원리를 잊어버리거나 포기해서는 안 됩니다. 하늘 보좌에 앉으신 그리스도께서 말씀과 성례를 통해 사도적 교회를 계승해가기를 원하신다는 것을 기억한다면, 이 사역은 우리가 겸손과 인내로 이루어야 할 큰 사명입니다.

신앙을 상속하는 일의 중요성을 간과하는 것입니다.

20) 일례로, 화란의 개혁교회(해방파, 일명 31조파)는 대한예수교장로회(고신)에 고재수(N. H. Gootjes) 목사를 파송했는데, 그는 약 10년간 고신대학교와 고려신학대학원에서 교수로 봉직했습니다. 중요한 것은 그가 선교사로 파송되었다는 사실입니다. 고재수 목사 이전에도 고신대학교와 고려신학대학원에서는 다수의 외국인 선교사들이 오랫동안 교수로 봉사하였습니다. 그리고 이는 한국 선교의 초창기부터 이어져온 전통이기도 합니다. 이는 선교 사역에서 목사 양성이 얼마나 중요한지를 잘 보여줍니다.

3. 치리와 권징을 통한 신앙의 순결성 보존

한국 교회사를 돌아보면, 연약한 점도 많았지만 강점들도 많이 있었습니다. 그 중 하나는 20세기 초 일제 치하에서도 권징을 매우 엄격하게 시행했다는 점입니다. 이에 대해서는 고려신학대학원의 최덕성 교수가 잘 설명해주고 있습니다.

"부흥을 경험한 한국교회는 권징을 엄격하게 시행했다. 신사참배 사건 이전의 한국교회의 당회록은 권징록이라고 할 만큼 많은 치리건을 기술해놓고 있다. 공예배에 출석치 않음, 주일을 거룩하게 지키지 않음, 불신자와의 결혼, 혼인 전에 몸을 조심하지 않음, 술 취하거나 흡연하여 덕을 세우지 못함, 빚을 갚지 않음, 남에게 재산상의 피해를 입힘, 아내구타, 첩을 두는 일 등으로 권징을 받았다.

전도를 받은 사람이 세례를 받아 교인이 되는데 6개월에서 2년이 소요되었다. 교회는 세례 청원자에게 값싼 세례를 베풀지 않았다. 세례 신청자를 여러 번 심사하고, 충분한 회심과 변화의 증거가 있을 때 세례를 베풀었다. (중략)

출교는 장로교 권징 가운데 가장 무거운 것에 해당한다. 축첩, 귀신 섬김, 고사, 무죄한 자부 내쫓음에 대해 '출교'를 선언했다. 교인 명부에서 이름을 지워버렸다. 당시 한국교회의 분위기는 이처럼 엄격하고 단호했다. (중략)

경남노회는 1917년에 '신앙과 [교회]정치에 위반됨으로' 교인 85명을 책벌했고, 110명을 출교했다. 그 당시 경남노회 교인 총수는 9,752명이었다. 1919년, 교회는 3·1운동이라는 민족적 시련 속에서도 151명을 책벌했고, 26명을 출교했다. 1920년에는 책벌 90명, 출교 35명 등 모두 125명을 치리했다. 1928년에는 126명을 책벌, 제명했다. 그리고 그 이듬해에는 94명을 치리했다."[21]

사도 바울은 디도에게 '각 성에서 장로들을 세우게' 하기 위해 그를 그레데에 떨어뜨려 두었다고 했습니다(딛 1:5). 그렇게 세움 받은 장로들은 '바른 교훈으로 권면하고 거스려 말하는 자들을 책망'하는 사역을 해야 했습니다(딛 1:9).

선교 현지에서 엄격한 치리와 권징을 시행하는 일이 쉽지 않습니다. 이를 위해서는 상당한 용기와 담대한 믿음을 필요로 합니다. 그러나 바울은 바로 이 일을 위해 장로들을 세웠기에 각 교회에게 보낸 서신에서 출교(고전 5:13 등) 등의 엄격한 권징을 명령할 수 있었습니다. 이렇게 장로들의 치리와 권징 사역은 선교 현지의 교회가 교리와 신앙의 순결성을 보존하도록 하는 방편이 됩니다. 선교사는 현지 교회에서 장로를 세울 때, 그의 경제력과 사회적 능력을 보기 전에 그가 얼마나 복음을 바르고 깊이 있게 이해하고 있는지, 그리고 교회의 회중들로부터 존경과 인정을 받고 있는지를 잘 살펴야 합니다. 그리고 교회의 부름(투

---

21) 최덕성, 한국교회 친일파 전통(서울: 본문과현장사이, 2000), 364-366.

표)을 정확히 확인하는 수순을 거쳐 그를 세워야 합니다.

　이상에서 살펴본 바와 같이, 바울의 선교 사역은 단순히 어느 마을에서 전도하고 떠나는 방식이 아니었습니다. 그는 믿고 세례를 받은 자들이 지속적으로 신앙생활을 할 수 있도록 교회를 설립했습니다. 그리고 사도요 선교사인 자신이 떠나고 없는 가운데서도 말씀과 성례와 권징을 시행할 목사와 장로들을 투표하여 세웠습니다. 하늘 보좌에 계신 그리스도께서 이들의 사역을 통해 '사도 없는 사도적 교회'를 보존하시고, 성장시키실 것이기 때문입니다. 그리고 바울은 이들이 사도적 복음으로 양무리(교회)를 치고 있는지 확인하기 위해 그곳을 재차 방문했으며, 또한 먼 곳에서도 서신을 보냈습니다. 하늘 보좌에 계신 그리스도께서 그의 사역을 통해 전(全) 세계에 흩어져 있는 주님의 백성들을 하나 되게 하실 것을 믿었던 것입니다.

제4장

온 세상에 전파될 복음

종말론과 선교
: "온 세상"에 대한 성경적 세계관

이 천국 복음이 모든 민족에게 증거되기 위하여 온 세상에
전파되리니 그제야 끝이 오리라

마 24:14

백 투 예루살렘(Back to Jerusalem)?

10여년 전, 모 선교단체를 중심으로 백 투 예루살렘(Back to Jerusalem) 운동이라는 것이 활발히 전개되고 있다는 소식을 접했습니다. 이는 복음을 땅 끝까지 전하기 위한 선교 전략 중 하나입니다. 마 24:14은 이 운동이 근거로 삼는 성경 구절 중 하나입니다. 예수님께서 재림하시기 전에 천국 복음이 온 세상, 모든 민족에게 증거될 것입니다. 이를 바꾸어 말하면, 우리는 예수님의 재림을 간절히 기다리는 자로서 마땅히 이 천국 복음을 모든 민족, 즉 온 세상에 전파해야 한다는 것입니다. 이를 위해서는 두 가지 대표적인 과제가 남아 있습니다. 하나는 세계 각

지의 미전도 종족에게 복음을 전하는 일입니다. 이는 마 24:14의 '모든 민족'이라는 표현에 기초한 것입니다. 그리고 다른 하나는 이 복음을 다시 원래의 선민이었던 이스라엘 백성들에게 전하는 일입니다. 이는 마 24:14의 '온 세상'이라는 표현에 기초한 것입니다. 예루살렘에서부터 시작된 복음이 지구 한 바퀴를 돌아 다시 예루살렘에까지 전해지게 된다면, 이것이야말로 온 세상에 복음이 전파된 것이 아니겠냐는 생각입니다.

사실, 이러한 이해방식은 오늘날 단지 한 선교단체뿐만 아니라 현존하는 많은 교회들도 공유하고 있는 내용입니다. 필자 역시 어릴 때부터 마 24:14을 그렇게 듣고 이해했습니다. 아무튼 마 24:14 말씀이 오늘날 한국 교회와 세계 유수 복음주의 교파들, 그리고 선교단체들의 선교 전략에 있어서 매우 중요한 근거 구절 중 하나인 것은 사실입니다.

의문: 예수님께서 지금 재림하시면 안 되는가?

그런데 여기서 우리는 중요한 한 가지 질문에 직면하게 됩니다. 이는 예수님의 재림에 관한 것입니다. 세계 각지에는 미전도 종족들이 많이 남아 있고 또 이스라엘 사람들 중에는 아직도 복음을 영접한 자들이 소수에 불과합니다. 그런데 이런 상황에서는 예수님께서 재림하시면 안 되는가 하는 것입니다. 주 예수 그리스도께서는 결코 거짓말하지 않으십니다. 그분은 신실하신 하나님이십니다. 그렇다면 이러한 상황에서, 주님의 재림의 때가 어제보다는 가까워졌을지는 몰라도 지금은 재림하시지 않을 것이라고 확신할 수 있지 않겠습니까? '지금'이라는 말이 너무 직설적인가요? 그럼 이렇게 바꾸어보면 어떨까요?

> "예수님께서는 적어도 오늘이나 내일은 결코 재림하시지 않을 것이다. 왜냐하면 아직도 세계 각지에는 미전도 종족이 많이 남아 있고, (민족적) 이스라엘이 회심하지 않았기 때문이다."

마 24:14을 앞에서 언급한 것처럼 문자 그대로 이해한다면, 우리는 틀림없이 재림의 지연에 대한 확신을 가져야만 합니다. 하지만 주님께서 오늘 밤이라도 재림하신다면, 그분은 성경의 많은 구절들 가운데서 적어도 이 한 구절의 약속만큼은 어기게 되시는 것일까요? 수많은 미전도 종족들 그리고 복음에 대한 이스라엘의 거절이라는 현상 때문에, 우리는 주님의 재림에 대한 확실성만큼 그분의 재림이 지연되는 것도 확신할 수 있을까요?

성경에서의 "온 세상"

성경에서 말씀하는 '온 세상'이라는 용어는 흔히 우리가 알고 있는 바와 그 의미가 다릅니다. 우리들에게 익숙한 '땅 끝'이라는 단어 역시 마찬가지입니다. 이 용어를 21세기의 세계관으로 이해하려 해서는 안 됩니다. 성경에서 그려주고 있는 세계관대로 이 용어를 이해해야 합니다. '세상'에 대한 성경적 용례는 다분히 언약적입니다. 그 의미를 아래의 그림을 통해 설명해보겠습니다.

    위의 그림에서 맨 안쪽, 즉 세상의 중심에는 예루살렘 성전이 있습니다. 이곳에는 온 우주의 왕이신 여호와께서 좌정해 계십니다. 그리고 이 성전을 중심으로 가나안 땅에 이스라엘 백성들이 살고 있습니다. 이스라엘 백성들은 열방에게 빛이 됨으로써 제사장 나라의 역할을 해야 할 사명을 부여받았습니다(출 19:5-6). 그리고 그 바깥에는 이방 세계가 있습니다. 즉, 성경에서의 '세상' 개념은 하나님과 백성들 간의 언약에서 출발하며, 언약의 중심인 성전에서부터 시작하여 언약 백성인 이스라엘, 그리고 그 바깥에 있는 이방 세계의 순서로 확장되는 개념을 가지고 있습니다. 이는 마치 고대 중국인들이 자국을 온 세상의 중심으로, 그리고 천자(天子)가 있는 궁궐을 중국의 중심으로 생각했던 것과 유사합니다. 중국의 황제인 천자(天子)가 바뀔

때, 그들은 온 세상이 새롭게 된 것으로 생각했습니다. 또한 중국에 새로운 왕조가 들어설 때도 그렇게 생각했습니다. 이러한 인식은 고대 사회의 매우 독특한 세계관에서 비롯된 것입니다. 위의 그림에 나타난 세계관대로 성경의 어법을 이해하려고 노력해 보십시오. 그러면 '세상'이라는 표현이 i) 성전에도, ii) 이스라엘에도, 그리고 iii) 이방 세계에도 적용될 수 있는 말이라는 것을 쉽게 깨달을 수 있습니다.

첫째, 그리스도의 성육신은 하나님 자신이 성전이 되어 우리에게 오셨다는 사실을 잘 보여줍니다.

> "말씀이 육신이 되어 우리 가운데 거하시매[22] 우리가 그 영광을 보니 아버지의 독생자의 영광이요 은혜와 진리가 충만하더라" (요 1:14)

> "예수께서 대답하여 가라사대 너희가 이 성전을 헐라 내가 사흘 동안에 일으키리라[19] 유대인들이 가로되 이 성전은 사십 육 년 동안에 지었거늘 네가 삼 일 동안에 일으키겠느뇨 하더라[20] 그러나 예수는 성전 된 자기 육체를 가리켜 말씀하신 것이라[21]" (요 2:19-21)[23]

---

22) 여기서 '거하시매'라는 표현을 '회막을 치시매', 또는 '회막이 되시매'로도 번역할 수 있습니다.

23) 요 1장은 예수님께서 성육신하심으로 '회막'이 되셨다고 합니다. 그리고 요 2장

이스라엘의 언약적·성경적 세계관에 따르면, 예수님께서 죽으시고(성전 파괴) 부활하신 것(성전 재건)은 온 세상의 파괴와 재창조라는 의미를 갖습니다. 성전이신 그분 안에서 만유가 통일되었으며(엡 1:10, 23), 하나님의 택하신 모든 백성이 그분과 함께 죽고 함께 부활했다고 볼 수 있는 이유가 바로 이것입니다(롬 6:3-5).

둘째, 이뿐 아니라 이스라엘이 세상을 의미할 수도 있습니다. 이러한 용례는 특히 요한복음에 자주 나타납니다. 요한복음에서 메시야를 대적하고 있는 '세상'은 일반적으로 유대인들의 세상인 이스라엘을 의미합니다. 요 16:2을 보면, 예수님께서는 세상의 사람들(요 15:18-25)이 제자들을 '출회', 즉 회당에서 출교할 것이라고 예언하십니다. 문맥 안에서 볼 때, 이 사람들은 흔히 말하는 일반적인 세상 사람이 아니라 유대인들을 가리킵니다. 또 요 1:9-11을 보면 빛이 세상에 온 것을 '자기 땅'에 '자기 백성'에게 온 것으로 묘사하고 있는데, 이것 역시 유대인들의 세상인 이스라엘을 가리키는 말입니다. 또한 요 12:19의 '온 세상' 역시 유대인들 중 많은 사람들이 예수님을 좇는 것을 가리키는 말입니다.

은 예수님께서 그분의 죽으심과 부활을 통해 옛 돌 성전을 대체하는 '새 성전'이 되신다고 합니다(요 2:13-22). 그분이 백성들의 죄를 대신하여 죽으시는 어린 양(요 1:29)이 되심으로, 이제는 구약 시대의 결례의 물(요 2:6) 대신 종말론적인 혼인 잔치(요 2:1-11)의 새 시대가 도래한 것입니다.

"바리새인들이 서로 말하되 볼지어다 너희 하는 일이 쓸 데 없다 보라 온 세상이 저를 좇는도다 하니라" (요 12:19)

셋째, 이스라엘 주위에 있는 열방들을 가리켜 '온 세상'이라고 표현할 수도 있습니다. 눅 2:1의 '천하'를 직역하면 마 24:14과 같이 '온 세상'이 되는데, 이는 지구 위의 모든 족속이나 지역을 의미하지 않고 로마제국의 전(全) 영토를 의미합니다.

"이 때에 가이사 아구스도가 영을 내려 천하로 다 호적하라 하였으니" (눅 2:1)

'땅 끝'이라는 용어 역시 마찬가지입니다. 이 말은 지리적인 좌표상의 '지구의 끝'이라는 의미가 아니라 언약 백성들을 심판하거나, 또는 포로된 언약 백성들이 돌아오거나, 아니면 열방들이 회심하여 언약 백성의 장막에 참여하는 것을 표현할 때, 자주 사용되는 예언적 어법 중 하나입니다(사 5:26; 24:16; 40:28; 41:5; 41:9; 42:10; 43:6; 45:22; 48:20; 49:6; 52:10; 62:11; 렘 6:22; 10:13; 12:12; 16:19; 25:31-33; 31:8; 50:41; 51:16; 단 4:11, 20, 22; 미5:4; 슥 9:10). 즉, 이 표현 역시 언약적인 세상의 개념을 바탕으로 이해해야 합니다. 괄호 속의 구약 본문들을 살펴보면, 이 말이 '지구의 끝'이라는 뜻이 아니라 '이방 세계'와 같은 뜻으로 사용되었다는 사실을 쉽게 확인할 수 있습니다. 예수님과 신약성경 기자들은 이러한 구약의 예언적 어법을 사용하여, 복음 전파를 통해서 기존의 언약 백성(유대인)들 중 남은 자들뿐 아니라 언약의 동심원 제일 바깥에 위치한 이방인들까지도 이 종말론적인 구원에 참여하리라고 선포한 것입니다(마 12:42; 24:31; 막 13:27; 눅 11:31; 행 1:8; 13:47; 롬 10:18).

온 세상에 복음이 전파됨

이렇게 성경이 그려주고 있는 언약적 세계관을 이해한다면, 전(숲) 지구상에 복음이 전파되지 않았다는 이유를 들어 재림의 지연을 주장하는 발상이 얼마나 허황된 것인지 그리 어렵지 않게 깨달을 수 있습니다. 예수님께서는 언제든지 재림하실 수 있습니다. 성경의 여러 본문들이 이러한 성경적·언약적 세계관 속에서, 사도들이 살아 있던 주후 1세기 당대에 이미 온 세상에 복음이 전파되었다고 증거하고 있기 때문입니다.

바울은 로마교회 성도들의 믿음이 '온 세상'에 전파되고 있다(현재시제)[24]고 선언합니다.

> "첫째는 내가 예수 그리스도로 말미암아 너희 모든 사람을 인하여 내 하나님께 감사함은 너희 믿음이 온 세상에 전파됨이로다" (롬 1:8)

---

[24] 이하에서 언급하는 시제는 모두 성경 원문에 나타난 시제를 의미합니다.

이와 함께 바울은 복음을 거절한 유대인들이 변명할 여지가 없는 이유를 드는데, 이는 복음의 말씀이 '온 땅', 즉 '땅 끝'까지 퍼졌기(과거시제) 때문입니다.

"그러나 내가 말하노니 저희가 듣지 아니하였느뇨 그렇지 아니하다 그 소리가 온 땅에 퍼졌고 그 말씀이 땅 끝까지 이르 렀도다 하였느니라" (롬 10:18)

바울이 전한 복음은 당대에 이미 '온 천하'(온 세상)에서 열매 를 맺어 자라고 있었습니다(현재시제).

"이 복음이 이미 너희에게 이르매 너희가 듣고 참으로 하나 님의 은혜를 깨달은 날부터 너희 중에서와 같이 또한 온 천 하에서도 열매를 맺어 자라는도다" (골 1:6)

또한 이 복음은 사도 바울 당대에 이미 '천하 만민'(직역하면 '하 늘 아래의 모든 피조물')에게 전파되었습니다(과거시제).

"만일 너희가 믿음에 거하고 터 위에 굳게 서서 너희 들은 바 복음의 소망에서 흔들리지 아니하면 그리하리라 이 복음은 천하 만민에게 전파된 바요 나 바울은 이 복음의 일군이 되 었노라" (골 1:23)

바울은 경건의 비밀의 한 측면으로 그리스도께서 '만국'(직역
하면 '열방')에서 전파되셨다는(과거시제) 사실을 들고 있습니다.

　　"크도다 경건의 비밀이여, 그렇지 않다 하는 이 없도다 그는
　　육신으로 나타난 바 되시고 영으로 의롭다 하심을 입으시고
　　천사들에게 보이시고 만국에서 전파되시고 세상에서 믿은
　　바 되시고 영광 가운데서 올리우셨음이니라" (딤전 3:16)

　그러므로 성경의 언약적 어법에 대한 무지로 인해 마 24:14
말씀을 문자 그대로(literally) 해석하는 사람들은 사도 바울이 성
령의 감동하심을 받아 선포한 이 말씀들을 거짓말이나 허풍이
라고 주장하든지, 그렇지 않으면 다른 대안을 제시할 책임이 있
습니다. 성경의 어법을 따라, 성경이 그려주는 언약적 세계관을
통해 성경 본문을 이해하려는 노력은 구약과 신약 분과에만 필
요한 것이 아니라 교의학—특히 종말론과 관련하여—과 선교
학에까지 연결되어야 합니다.[25]

---

25) 1980년대에 한국의 교계, 특히 대학가에서는 기독교 세계관이 상당한 붐을 일
으켰습니다. 여기에는 창조과학회를 비롯한 기독교 지식인들의 상당한 공헌이 있
었습니다. 그러나 이러한 노력 대부분이 성경학자들의 석의(exegesis) 작업과 깊이
연계되지 못한 채 성경의 문자적(literal) 이해에만 그침으로써 성경적 세계관(bibli-
cal world view)의 저변이 확대되지 못했다는 점에서 아쉬움이 있습니다. 이는 하나
의 실례일 뿐이고, 오늘날 성경신학 분과와, 교의학 및 교회사, 그리고 봉사신학과
선교학 분과 등이 지나치게 파편화됨으로써 각 신학 분과들끼리 서로 연계되지 못
하는 현상이 발생하고 있습니다. 그래서 설교로 연결되지 않는 성경신학, 그리고
성경신학과 교의학에 기초하지 않은 목회학, 교회성장학, 선교학 등이 소위 개혁신
앙을 모토로 하는 신학교 내에서조차 자연스러운 일이 되어가고 있습니다.

적용: 재림에 대한 겸손하고도 확고한 기대와 선교

그렇다면 어떤 이들은 이렇게 반박할지도 모릅니다.

> "당신 말대로 사도 시대에 이미 복음이 (성경이 의미하는) 온
> 세상에 전파되었다면 오늘날 우리들은 이제 더 이상 선교하
> 지 않아도 된단 말이오?"

이 질문은 복음이 온 세상에 전파되지 않았으므로 예수님께서 아직 재림하지 않으실 것이라는 앞선 주장보다 훨씬 더 어리석은 것입니다. 이제까지 논의했던 내용은 선교의 불필요성에 대한 것이 아니라 마 24:14을 문자 그대로(literally) 해석함으로써 재림의 지연이라는 억지 논리가 파생할 수 있느냐 하는 것이었습니다. 그 대답은 "아니요"입니다. 마 24:14의 '온 세상'은 지구 위의 모든 민족, 모든 지역을 의미하지 않습니다. 이런 이유로, 사도 바울은 자신이 살아 있던 당대에 이미 복음이 온 세상(천하)에 전파되었다고 여러 차례 선언할 수 있었습니다. 그러므로 혹 예수님께서 오늘밤에 재림하신다 할지라도 그 일이 마 24:14의 약속을 위반하는 것이 아닙니다.

우리는 마 24:14에 근거하여 재림의 지연을 예상하는 우를 범하지 말아야 합니다. 임박한 재림을 기대한 나머지 재림의 날짜를 계산해 내려는 시한부 종말론도 문제지만, 이와 함께 재림의 지연을 내세우는 주장 역시 이에 못지않은 매우 심각한 범죄라

는 사실을 인식해야 합니다. 이 둘은 서로 반대쪽에 있는 것 같으나, 눈에 띄는 공통점을 가지고 있습니다. 양자 모두 성경을 지나치게 문자적으로 해석하는 바람에 오류를 범하고 있습니다. 그리고 의도적이든 그렇지 않든 간에, 모든 민족을 향한 다급한 선교 전략을 통해 재림의 시기를 인위적으로 앞당기려고 한다는 점에서 이 둘은 서로 만납니다. 마 24:14에 근거하여 재림의 지연을 주장하는 것은 선교를 통해 임박한 재림을 촉구해야 한다는 새로운 신학을 형성할 위험을 배태합니다.

사도 바울이 성령으로 영감 받아 쓴 서신들에서 온 세상에 복음이 전파되었다고 선언했다면, 이제 우리는 더 이상 선교할 필요가 없습니까? 우리는 이에 대해서도 자신 있게 "아니요"라고 대답해야 합니다. 마 24:14과 사도 바울의 증거는 서로 모순되지 않습니다. 오히려 이 본문들은 우리에게 다음의 두 가지 사실에 대한 확신을 안겨다줍니다.

첫째, 예수님께서 언제라도 재림하실 수 있다는 확신을 줍니다. 비록 이 세상에 미전도 종족이 남겨져 있다 할지라도 그분은 오실 수 있습니다. 우리는 재림에 대한 섣부른 예상을 해서도 안 되며, 또한 게으르고 안이한 태도를 가져도 안 됩니다. 언제라도 그분이 재림하실 수 있다는 이 위대한 고백(교리) 위에 확고히 서 있어야 합니다. 그분의 재림을 간절히 기다리며 기대해야 합니다. 마 24:14과 사도 바울의 증거는 우리로 하여금 재림의 시점에 대한 겸손한 자세와 함께 사명에 대하여 깨어 있는 태도를 가져다줍니다.

둘째, 우리는 성경 그 어디에도 사도 시대에 온 세상에 복음이 전파되었으므로 이제 더 이상 선교할 필요가 없다는 주장을 찾을 수 없습니다. 오히려 사도 바울은 복음이 온 세상에 전파됨으로 인해 유대인들에게는 변명할 기회가 사라졌고(롬 10:18), 이방인들에게는 구원의 문이 활짝 열렸음을 변증하고 있습니다(롬 1:8; 골 1:6, 23; 딤전 3:16). 사도 바울이 이러한 표현들을 사용한 것은 선교의 불필요성을 말하기 위함이 아니었습니다. 오히려 유대인들뿐 아니라 이방 세계에까지 하나님의 택하신 백성들이 존재하고 있음을 알리기 위해 사용하였습니다. 즉, 대적들의 강한 반대에도 불구하고 복음이 전파되어 열매 맺고 있음을 알리기 위해 이러한 어법을 사용했던 것입니다. 그리스도의 복음은 혈통과 민족과 국경을 넘어 전파되었습니다. 옛 언약의 백성들을 넘어 언약의 외인들에게도 전파되었습니다. 할례 받은 자들을 넘어 할례 받지 못한 야만인들에게도 전파되었습니다. 이는 사도 바울에게 큰 확신을 안겨다주었습니다. 그것은 비록 선교 현장에 큰 장애와 반대가 있을지라도 곳곳에 하나님께서 택하신 백성들이 있으리라는 기대와 확신입니다. 바울 선교의 중심에는 하나님의 주권에 대한 신뢰가 있었습니다. 이것이 그로 하여금 낙심하지 않게 만들었습니다. 그리고 이는 동시에 오늘날 우리가 가져야 할 선교 전략의 기초이기도 합니다.

"밤에 주께서 환상 가운데 바울에게 말씀하시되 두려워하지 말며 잠잠하지 말고 말하라₉ 내가 너와 함께 있으매 아무 사람도 너를 대적하여 해롭게 할 자가 없을 것이니 이는 이 성 중에 내 백성이 많음이라 하시더라₁₀" (행 18:9-10)

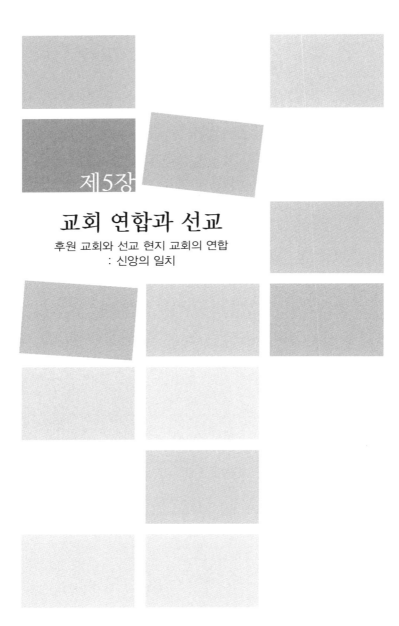

제5장

교회 연합과 선교

후원 교회와 선교 현지 교회의 연합
: 신앙의 일치

1 어떤 사람들이 유대로부터 내려와서 형제들을 가르치되 너희가 모세의 법대로 할례를 받지 아니하면 능히 구원을 얻지 못하리라 하니

2 바울과 바나바와 저희 사이에 적지 아니한 다툼과 변론이 일어난지라 형제들이 이 문제에 대하여 바울과 바나바와 및 그 중에 몇 사람을 예루살렘에 있는 사도와 장로들에게 보내기로 작정하니라

행 15:1-2

선교지 탐방과 후원 교회 방문을 통한 연합

선교지 탐방과 후원 교회 방문은 한국 교회의 선교 전략과 관련하여 최근 약 20년 전부터 부쩍 늘어난 현상 중 하나입니다. 15년 전 IMF(International Monetary Fund)라는 경제 태풍에 부딪혀 국가 전체가 흔들리긴 했지만, 국민 소득의 증대와 해외여행의 자유화라는 환경이 가져다 준 이점 중 하나가 이것이라는 데 큰 이견이 없을 것입니다.

선교지 탐방에는 여러 종류가 있습니다. 그 중 가장 대표적인 것이 '단기 선교 훈련'입니다. 최근에는 '비전 트립(Vision Trip)'이라는 용어로 불리기도 합니다. 이는 선교에 비전을 가진 학생

들과 청년들—때로는 일반인들까지도—을 모아 약 1-3주 정도의 기간 동안 선교 현지로 가서 그곳의 언어와 문화 등을 체험하는 프로그램입니다. 또 '단기 의료 선교'도 있습니다. 이는 기독교 의사, 약사, 간호사 등과 여러 봉사자들이 현지에 가서 의료봉사를 통해 선교 사역을 간접적으로 지원하는 일입니다. 이 외에도 후원 교회에서 파송한 대표들—당회원이나 선교위원회—이 선교 현지를 돌아보는 일, 방학 등의 기간을 이용하여 선교사 자녀들에게 학업을 가르치는 일, 선교 현지에 필요한 물품을 공급하고 때로는 예배당을 지어주거나 수리하는 일 등이 최근 선교지 탐방에서 빼놓을 수 없는 중요한 사역들입니다.

이렇게 다양한 형태의 선교지 탐방이 때로는 선교사의 사역과 업무에 지장을 주거나 사후 처리와 수습에 어려움을 주는 등의 역기능도 야기하지만, 여러 가지 긍정적인 측면도 가지고 있음을 무시할 수는 없습니다.

첫째, 한국 교회 성도들이 낯설고 막연하게 느껴왔던 선교 현지의 상황을 매우 생생하게 느끼고 체험하게 해주는 계기가 됩니다. 둘째, 선교사나 선교 사역을 위해 헌신하는 사람들을 많이 배출하는 통로가 됩니다. 셋째, 한국의 후원 교회와 선교 현지 교회 사이의 언어와 문화적 간격을 좁혀주고, 대화의 창구를 신속하게 해줍니다. 넷째, 선교사의 고충과 여러 실제적인 필요를 잘 파악하여 선교비의 쓸모없는 지출을 줄이고, 조직적이고도 매끄러운 후원을 할 수 있도록 해줍니다. 다섯째, 선교

사 한 사람이 할 수 없거나 하기 힘든 일을 여러 사람들이 대신 해줄 수 있습니다. 여섯째, 한국의 후원 교회가 선교 현지를 위해 기도해야 할 실제적이고도 구체적인 내용들을 파악할 수 있습니다. 이상으로 언급한 내용들 외에도 여러 가지 장점이 많이 있을 것입니다.

선교지 탐방뿐 아니라 역(逆)으로 선교 현지의 선교사, 선교 현지의 교역자들이나 성도들이 한국의 후원 교회를 방문하는 경우도 있습니다. 선교사들은 대개 안식년이나 선교 보고, 선교 후원 모금 등의 이유로 후원 교회를 방문합니다. 이때 선교 현지의 교역자들이나 성도들과 함께 입국하는 경우도 있습니다. 이들은 선교 현지의 여러 가지 사역과 상황을 보고하고, 또 기도와 여러 가지 필요한 것들을 요청합니다.

예루살렘교회와 안디옥교회의 연합

이상의 선교지 탐방, 그리고 후원 교회를 방문하는 일은 한국의 후원 교회들과 선교 현지 교회들 간의 일체성과 하나 됨을 깊이 느끼게 해주는 중요한 통로가 됩니다. 이는 교회 연합의 매우 중요한 측면 중 하나입니다. 선교와 교회 연합과의 연관성은 비단 현대 교회에서만 나타나는 현상이 아닙니다. 이는 성경에 나타난 중요한 원리 중 하나입니다.

사도행전, 특히 15장은 서로 다른 지역 교회들 간의 긴밀한 연합관계를 다루고 있는 본문입니다. 이 본문은 교회 연합이 선교 현지의 사역과 얼마나 긴밀하고도 실제적인 연관성을 가지고 있는지를 잘 보여줍니다.

1. 안디옥교회에서 발생한 문제

바나바와 바울은 1차 선교 사역을 마감하고 자신들을 파송한 안디옥교회로 돌아왔습니다(행 14:26). 이들은 선교 사역과 그 결과들을 보고했습니다(행 14:27). 그리고 어느 정도의 기간을 안디옥교회 성도들과 함께 보냈습니다(행 14:28).

그러던 중, 한 가지 중요한 교리적 문제가 발생했습니다. 유대로부터 내려온 어떤 사람들이 안디옥교회의 성도들에게 다른 복음을 가르치기 시작했습니다. 그들의 가르침은 모세의 법대로 할례를 받지 않으면 구원을 얻지 못한다는 내용이었습니다(행 15:1). 이들의 가르침은 바울과 바나바가 가르쳐왔던 복음과 다른 것이었습니다. 그래서 바울과 바나바 측과 이들 사이에 큰 논쟁이 벌어졌습니다(행 15:2).

안디옥[26]은 이스라엘의 북쪽 이방 지역에 위치해 있었습니다. 안디옥교회의 구성원 중에는 유대인들도 있었으나(행 11:19), 상당수의 이방인들—어쩌면 유대인들보다 더 많은 숫자의—이 포함되어 있었습니다(행 11:20-21). 이 이방인들은 예수님을 하

---

26) 여기서의 안디옥은 수리아 지역에 있는 도시로 이스라엘 북쪽에 위치해 있습니다. 성경에는 이름이 같은 다른 지역의 안디옥이 등장하는데, 이는 비시디아 지역에 있는 도시입니다(행 13:13-14). 바울과 바나바를 파송한 수리아 안디옥(현, 안타키아)은 오늘날의 터키 중남부에 있으며, 비시디아 안디옥(현, 얄바츠)은 터키 서남부에 위치합니다.

나님의 아들 그리스도로 믿고 세례를 받았으나, 따로 할례를 받지는 않았습니다. 그들이 들어온 복음은 율법의 행위로써가 아닌, 오직 믿음으로 구원을 얻는다는 내용이었기 때문입니다.

하지만 유대로부터 내려온 사람들의 가르침은 이들이 알던 내용과 달랐습니다. 성경은 그들이 누구였는지 정확하게 밝히지 않았습니다. 그러나 유대로부터 내려왔다는 표현과 이들의 주장을 볼 때, 유대인이거나 유대교의 영향을 깊이 받은 이방인일 것이라고 짐작할 수 있습니다. 아마도 이들은 율법주의에 정통한 유대인이었을 것입니다.

사도들과 초대 교회 성도들은 구약의 율법이 가지고 있는 권위를 부인한 적이 없었습니다. 그들은 단지 구약을 예수 그리스도 안에 있는 믿음의 눈으로 해석했을 뿐입니다. 오순절에 성령이 임했을 때, 사도들은 구약의 말씀이 예수 그리스도를 예언하고 있으며 또한 그리스도 안에서 성취되어 그 열매가 자신들에게 주어졌다는 사실을 깨닫게 되었습니다(행 2:16-21, 25-36; 욜 2:28-32; 시 16:8-11; 110:1). 그 결과, 그들은 오직 예수 그리스도를 믿음으로 구원을 얻는다는 복음을 전하기 시작했습니다. 종말론적 성령을 소유하는 유일한 방법은 회개하여 예수 그리스도의 이름으로 세례를 받는 것임을 전했습니다.

"너희가 회개하여 각각 예수 그리스도의 이름으로 세례를 받고 죄 사함을 얻으라 그리하면 성령을 선물로 받으리니"

(행 2:38)

그러나 유대로부터 내려온 자들의 가르침은 사도들이 전한 복음과는 완전히 달랐습니다. 이들은 모세의 법대로 할례를 받지 않으면 구원을 얻지 못한다고 가르쳤습니다. 이들은 예수 그리스도가 구원자가 아니라고 주장하지 않았습니다. 그분을 믿지 말라고 하지도 않았습니다. 그러나 그들은 이 믿음만으로는 충분하지 않다고 생각했습니다. 할례를 받지 않는 한, 참된 구원에 이를 수 없다고 생각했습니다. 이 사람들의 주장이 받아들여진다면 안디옥교회는 구원을 '오직 믿음으로'가 아닌, 거기에 율법의 행위가 가미된 결과로 얻는 것이라고 생각하게 될 것입니다.

2. 예루살렘교회로의 대표 파송

안디옥교회는 이러한 교리적 문제에 대하여 매우 적극적인 해결을 시도했습니다. 그들 중 대표 몇 사람을 예루살렘에 있는 사도와 장로들에게 보내기로 결의했습니다.

" … 형제들이 이 문제에 대하여 바울과 바나바와 및 그 중에 몇 사람을 예루살렘에 있는 사도와 장로들에게 보내기로 작정하니라" (행 15:2)

우리가 잘 아는 대로 안디옥교회는 이방인 선교의 본거지였습니다. 그리고 그들 중에는 이방인의 사도요(롬 11:13; 갈 2:8), 지극히 큰 사도들보다 부족한 것이 조금도 없을 뿐 아니라(고후 11:5) 그들보다 더 많이 수고한(고전 15:10) 바울이 있었습니다. 예루살렘교회 초창기부터 인정을 받아 안디옥교회로 파송된 바나바도 있었습니다(행 4:36-37; 11:22-24). 그리고 이들 외에도 선지자이자 교사인 시므온과 루기오와 마나엔도 있었습니다(행 13:1). 그러나 이들은 그들 사이에서 발생한 이 중요한 문제를 독자적으로 처리하지 않았습니다. 그들은 예루살렘에 있는 사도들과 장로들에게 이 문제를 의뢰했습니다.

3. 신앙의 일치에 대한 확인

예루살렘교회는 안디옥교회가 의뢰한 문제를 심도 있게 논의했습니다. 논의하는 가운데 율법주의의 옛 모습에서 탈피하지 못한 바리새파 출신 신자들의 잘못된 주장이 제기되기도 했습니다(행 15:5). 하지만 결국, 예루살렘교회의 사도들과 장로들, 그리고 온 교회는 이 문제에 대하여 바울과 바나바가 전했던 복음의 내용과 일치된 신앙을 확인했습니다(행 15:22, 25-26, 28-29). 이뿐 아니라 유대로부터 내려와서 안디옥교회 성도들에게 할례를 받도록 가르쳤던 자들이 예루살렘교회의 사도들, 장로들, 그리고 온 교회와는 전혀 상관없는 자들이라는 사실까지도 확인했습니다(행 15:24). 이들은 예수 그리스도의 목격자—증인(눅

24:48; 행 1:3, 8, 21-22)—들이요 대리자들이었던 사도들, 교회의
치리회인 장로들, 그리고 예루살렘교회의 파송과는 완전히 무
관하게 독단적으로 활동하던 자들임이 여실히 드러났습니다.
다시 말하자면, 이단 교리를 가르친 자들은 신앙의 일치와는 무
관한 자들이었습니다.

> "들은즉 우리 가운데서 어떤 사람들이 우리의 시킨 것도 없
> 이 나가서 말로 너희를 괴롭게 하고 마음을 혹하게 한다 하
> 기로" (행 15:24)

4. 선교 현지 교회와의 연합을 위한 노력

예루살렘교회에서 확인된 이 신앙의 일치는 애초에 이 문제
를 의뢰한 안디옥교회뿐 아니라 선교 현지의 모든 교회들에게
로 전달되었습니다. 이 전달은 두 가지 형태로 이루어졌습니다.

첫째, 예루살렘교회는 안디옥교회가 그랬던 것과 마찬가지로
그들이 매우 신뢰하는 몇 사람을 안디옥으로 파송했습니다. 유
다와 실라가 바로 그들입니다(행 15:22). 이 중 실라는 후에 사도
바울의 2차 선교 사역 때에 그와 동행하게 됩니다. 둘째, 예루
살렘교회는 안디옥교회와 기타 선교 현지에 있는 교회들에게
신앙의 일치를 확인하는 서신을 보내었습니다(행 15:23).

신앙의 일치와 관련된 이 노력은 여기서 끝나지 않았습니다.
이후에 바울은 2차 선교 사역을 시작했는데, 그 목적은 "주의

말씀을 전한 각 성으로 다시 가서 형제들이 어떠한가 방문"하는 것이었습니다(행 15:36). 예루살렘교회로부터 확인한 이 신앙의 일치와 관련하여 선교 현지의 교회들이 참 복음의 토대 위에서 바르게 성장하고 있는지를 확인하고 권고하려는 목적이 내포되어 있었음이 분명합니다. 그래서 바울은—비록 바나바와 다투고 갈라서긴 했지만—예루살렘교회로부터 이 신앙의 일치를 위해 파송된 실라와 함께 자신의 1차 선교 사역지를 돌아보는 일을 시작했던 것입니다(행 15:40-16:5).

초대 교회는 신앙의 일치를 이토록 중요하게 여겼습니다. 신앙의 일치를 통해 교회 연합을 추구했습니다.

교회 연합과 선교의 실제적 적용

이상의 사도 시대에 있었던 교회의 연합과 일치의 모습을 통해, 우리는 선교에 있어서 이 원리가 얼마나 중요한지 생각하게 됩니다. 이 원리는 시대착오적인 구닥다리가 아니라 오늘날의 선교에 있어서도 매우 중요하고 실제적인 것입니다.

일반적으로 한국 교회 성도들은 '교회 연합'이라는 용어를 신앙의 일치와 관련하여 사용하는데 그리 익숙하지 않습니다. 그 대신 두 교회 또는 여러 교회가 어떤 행사—이를테면 운동회나 찬양 발표회와 같은—를 공동 주최할 때, 이 표현을 더 자주 사용합니다. 이러한 모습은 선교 현지 교회와의 관계에서도 마찬가지입니다. 앞에서도 언급하였듯이, 여러 형태의 선교지 탐방

그리고 선교 사역자들의 후원 교회 방문은 교회 연합의 한 단면입니다. 서로 다른 문화권에 있는 교회들이 서로 하나 됨을 확인하는 방식입니다. 그렇다면 이 속에는 분명 신앙의 일치와 관련된 노력이 포함되어 있어야 합니다. 교회의 참다운 연합은 서로가 함께 공유하고 있는 신앙의 일치를 확인하는 가운데 깊어지기 때문입니다.

그러나 안타깝게도 한국 교회의 선교지 탐방은 신앙의 일치와는 무관하게 이루어질 때가 많습니다. 선교사가 가르치고 있는 내용이 무엇인지, 현지 교회가 고백하며 배우고 있는 내용이 무엇인지 확인하는 것보다는 현지의 언어와 문화에 대한 경험(비전 트립), 탐방자들의 봉사(의료 선교, 구휼, 예배당 건축과 수리)가 프로그램의 핵심을 차지합니다. 물론 이러한 것들 또한 중요합니다. 하지만 하나님께서 어떻게 서로 다른 핏줄과 언어와 문화권에 있는 교회들로 하여금 동일한 신앙 안에서 동일한 고백을 하게 하시는지 확인하며 교제를 나누는 것이 더 근본적이고 중요한 일입니다. 선교지를 탐방하는 후원 교회의 대표자들이나, 후원 교회를 방문하는 선교사들 역시 현지의 선교 상황과 앞으로의 계획을 보고하고 검토하는 가운데 신앙의 일치가 바르게 진행되고 있는지 서로 확인할 필요가 있습니다. 그것이야말로 참된 '교회 연합'이며, '성도의 교제'입니다.

조선에 파송된 최초의 장로교 선교사로 잘 알려져 있는 언더우드(Horace Grant Underwood, 1859-1916)를 비롯하여 당시 미국,

캐나다, 호주 등에서 파송된 외국인 선교사 대부분은 성경의 영감을 믿는 보수 신앙을 가진 분들이었습니다. 이들은 조선을 매우 사랑했으며, 조선 사람의 문화에 적응하려고 노력했고, 영혼 구원에 대한 깊은 열정을 가지고 있었습니다. 그러나 이들은 한 가지 중요한 사실을 간과했습니다. 그것은 신앙의 일치와 신앙고백의 중요성을 강조하지 않았다는 점입니다. 그들은 도덕적인 문제에 있어서는 엄격했지만, 신학과 교리 문제에 있어서는 어느 정도 포용적인 입장을 취했습니다. 그 결과, 선교사들은 장로교와 감리교를 하나로 묶는 교회 일치운동을 벌이기도 했으며, 이로 인해 웨스트민스터 신앙고백서와 교리문답에 대한 교육이 자연스럽게 약화되었습니다. 그 결과, 한국의 장로교회 중에서 가장 보수적이라고 자처하는 고신의 경우, 장로교 한국 선교가 시작된 지 무려 80여년이나 지난 뒤인 1969년에야 비로소 웨스트민스터 신앙고백서와 대·소교리문답을 표준 문서로 채택했습니다.

한국 선교의 이러한 연약한 기반은 이제 한국 교회가 다른 나라를 선교하는데 있어서도 여실히 드러나고 있습니다. 자신이 속한 교회와는 신앙의 색채나 교리적 방향성이 전혀 다른 선교 단체와 연계하여 파송을 받거나 사역하는 선교사들을 주위에서 흔히 볼 수 있습니다. 한국에서는 매우 보수적인 신앙을 가졌던 분이 선교 현지에서는 매우 포용적인 신학적 입장을 가지고 사역하는 경우도 있습니다. 개혁 신앙을 가진 교회의 성도들이나 선교 헌신자들이 알미니안주의적인 선교 단체나 기관에서 선교 훈련을 받는 경우도 많습니다. 신앙고백과 교리를 강조할 때, 선교사들 사이의 연합을 파괴하는 분파주의자로 낙인찍히기 쉽습니다. 그렇기 때문에 선교 현지의 사역자들과 성도들을 대상으로 신앙고백과 교리문답을 가르치는 예를 찾아보기 힘듭니다. 계절학기나 신학 세미나의 과목들 가운데서도 이러한 것들이 그다지 중요하게 다루어지지 않고 있는 현실입니다. 선교 현지의 특수한 형편을 감안한다손 치더라도 이것이 얼마나 비정상적이고도 이상한 현실입니까?

선교 현지에 신앙고백과 교리문답을 교육하는 일은 시급하면서도 중요합니다. 이를 위해서는 영혼 구원에 대한 열정 뿐 아니라 신앙의 일치를 잘 가르치고 교육할 수 있는 검증된 선교사의 파송이 필요합니다. 그리고 당장 눈과 귀를 즐겁게 해주는 보고보다는 후원 교회와 선교 현지 교회 사이에 신앙의 일치가 잘 유지되고 있는가를 지속적으로 확인하는 것이 필요합니다.

선교지를 탐방하는 교회와 성도들은 선교 현지의 문화 충격을 경험하는 것에 중점을 두기보다는 무엇보다도 현지의 선교사가 무엇을 가르치고 있는지를 유심히 보고 배워야 합니다. 그리고 선교사들은 한국 교회를 방문할 때 자신이 가르치고 있는 것이 무엇인지를 중점적으로 보고해야 합니다. 그리하여 비록 가르치는 방식과 수준의 차이는 있다 할지라도, 이곳과 저곳에서 같은 것을 가르치며 배우고 있다는 신앙의 일치를 확인해야 합니다. 한국 교회와 선교 현지 교회는 이렇게 신앙의 일치를 발견하고 추구함으로써 교회의 참된 연합을 이루어나가야 합니다. 그렇게 할 때, 교회의 머리이신 그리스도께서 기뻐하시고, 이 동일한 복음이 필요한 또 다른 새 생명들에게로 나아갈 길을 인도해 주실 것입니다.

제6장

한 몸으로 연합된 교회

신약 교회의 특권
: 신분의 차별이 사라진 교회

14 그는 우리의 화평이신지라 둘로 하나를 만드사 중간에 막힌 담을 허시고

15 원수 된 것 곧 의문에 속한 계명의 율법을 자기 육체로 폐하셨으니 이는 이 둘로 자기의 안에서 한 새 사람을 지어 화평하게 하시고

16 또 십자가로 이 둘을 한 몸으로 하나님과 화목하게 하려 하심이라 원수 된 것을 십자가로 소멸하시고

17 또 오셔서 먼데 있는 너희에게 평안을 전하고 가까운데 있는 자들에게 평안을 전하셨으니

18 이는 저로 말미암아 우리 둘이 한 성령 안에서 아버지께 나아감을 얻게 하려 하심이라

엡 2:14-18

27 누구든지 그리스도와 합하여 세례를 받은 자는 그리스도로 옷 입었느니라

28 너희는 유대인이나 헬라인이나 종이나 자주자나 남자나 여자 없이 다 그리스도 예수 안에서 하나이니라

29 너희가 그리스도께 속한 자면 곧 아브라함의 자손이요 약속대로 유업을 이을 자니라

갈 3:27-29

유대인에 대한 선입관

어릴 때 설교 시간에 들었던 내용 중 이런 것들이 있었습니다.

"노벨상 수상자 중 ~%가 유대인이라고 합니다."

"탈무드에 보면 ~한 내용이 있습니다."

"유대인들은 자녀 교육을 이렇게 시킵니다."

"유대인들은 중동 전쟁을 이렇게 승리로 이끌었습니다."

독자들 중에도 "아하!" 하시는 분이 틀림없이 계실 것입니다. 유대인에게서 배울 점이 많은 것은 사실입니다. 마찬가지로 우

리는 이순신 장군, 신사임당, 소크라테스에게서도 배울 점을 많이 발견합니다. 만일 우리가 유대인에게서 전쟁의 승리 비법을 배울 수 있다면, 마찬가지로 이순신 장군에게서도 그것을 배울 수 있습니다. 또한 만일 우리가 유대인에게서 자녀 교육에 관한 교훈을 배울 수 있다면, 마찬가지로 신사임당에게서도 그것을 배울 수 있습니다. 또한 만일 우리가 유대인에게서 삶의 철학을 배울 수 있다면, 소크라테스에게서도 그것을 배울 수 있습니다. 뒤집어 말해서, 만일 우리가 이순신 장군, 신사임당, 소크라테스에게서 얻을 수 있는 교훈들이 성경을 통해 얻는 구원의 도리와는 전혀 다른 것이라면, 마찬가지로 오늘날의 유대인에게서 얻는 교훈들 역시 성경의 교훈과는 명확히 구분되어야 합니다.[27]

한국 교회 성도들은 유대인들을 특별하게 여기는 경향이 있

---

27) 항간에 널리 퍼져 있는 매우 위험한 오해들 중 이런 것이 있습니다. 기독교인들은 구약과 신약을 모두 믿는데 반해, 유대교인들은 구약만을 믿는다는 근거 없는 주장입니다. 이는 성경에 대한 몰이해에서 비롯된 것으로 유대교를 반쪽짜리 기독교로 오해할 위험을 안고 있습니다. 유대교인들은 구약을 믿는다고 스스로 생각하지만, 구약의 모든 내용이 예수님에 대해 증거하고 있음(요 5:39; 히 1:1-2; 벧전 1:10-12)을 철저히 부인하기 때문에 실제로 믿는 것이 아닙니다. 그래서 예수님께서는 당신을 거절하는 유대인들을 향해 "모세를 믿었더라면 또 나(예수님)를 믿었으리니 이는 그가 내게 대하여 기록하였음이라 그러나 그의 글도 믿지 아니하거든 어찌 내 말을 믿겠느냐"(요 5:46-47)고 하셨던 것입니다. 사도 바울의 표현에 의하면, 그들은 수건을 덮어쓴 채로 모세의 글을 읽기 때문에 예수 그리스도를 알아보지 못했습니다(고후 3:14-15). 유대교를 반쪽짜리 기독교로 생각하는 것은 오늘날에도 양이나 소와 같은 짐승의 피를 흘려 제사를 지내야 한다고 주장하는 사람들을 절반쯤 기독교인으로 받아들이는 것과 다를 바 없습니다. 사도 바울, 특히 히브리서 저자가 교회로 하여금 이러한 유대주의적 이단 사상에 강하게 대처할 것을 촉구하는 글을 썼다는 사실을 기억합시다.

습니다. 다른 이방 족속들보다 좀 더 우등한 민족, 또는 하나님의 사랑을 더 받고 있다거나, 무엇인가 차별화되고 좀 더 고귀한 약속과 특권이 보장되어 있는 백성들이라고 생각할 때가 많습니다. 그리고 이것이 성경에 근거한 생각이라고 확신합니다. 그러나 이러한 생각은 철저히 비성경적인 것입니다. 이는 초대 교회 당시의 유대주의자들이 교회를 혼란시켰던 내용이기도 했습니다. 이렇게 생각하는 자들에 대하여 사도 바울은 단호하게 대답했습니다.

> "너희는 유대인이나 헬라인이나 종이나 자주자나 남자나 여
> 자 없이 다 그리스도 예수 안에서 하나이니라" (갈 3:28)

유대인과 이방인이 한 몸이 된 교회
1. 유대인과 이방인이 한 몸이 되지 못했던 시대

사실 구약 시대까지만 해도, 이스라엘 사람들과 이방인들은 동등한 약속과 특권을 누리지 못했습니다. 물론 이방인들이 구원에서 배제된 것은 아니었지만, 이스라엘과 똑같은 지위와 특권을 소유하지는 못했습니다.

한 가지 예를 들면, 이방인들은 한 번 이스라엘의 종이 되면 그 주인이 허락하지 않는 한 영원히 종의 신분을 벗어날 수 없었습니다(레 25:44-46). 실제로 기브온 족속이 이 율법에 따라 이스라엘의 종이 되어 구원에 참여했습니다(수 9:23, 27). 그러나 이

스라엘 백성의 경우에는 비록 가난하여 그 몸이 팔리는 경우에도 종으로 삼는 것만은 금지되었습니다(레 25:39-43). 그뿐 아니라 행여나 종으로 팔리는 경우에도 제 칠 년 안식년이 되면 종의 신분에서 해방될 수 있었습니다. 이 율법은 오직 이스라엘 백성만을 그 대상으로 하고 있습니다(출 21:2; 신 15:12).[28]

율법의 이러한 규정은 이스라엘과 이방인 사이의 신분적 특권의 차이를 여실히 보여줍니다. 이스라엘은 이방인들을 종으로 부리거나 그들을 다스림으로 구원의 특권을 누립니다. 그러나 이방인들은 이스라엘을 섬김으로 여호와의 구원의 은혜에 참여합니다. 이렇게 구약 시대의 이스라엘과 이방인 신자들은 동일한 구원을 받았음에도 불구하고 그 신분과 지위에 있어서 현격한 차이를 가지고 있었습니다.

2. 새 시대의 표징

유대인[29]과 이방인 간의 이러한 신분적 격차는 예수 그리스도 안에서 사라졌습니다. 하나님께서는 십자가에 달려 죽으시고 부활하신 그리스도의 은혜가 죄 사함을 가져다줄 뿐 아니라 유

---

28) 이 외에도 이스라엘 백성들과는 달리 이방인의 경우에는 곧바로 여호와의 총회에 들어올 수 없도록 제한 규정이 적용되었습니다. 예를 들면, 에돔 사람과 애굽 사람들은 3대 후의 자손부터 여호와의 총회에 들어올 수 있었습니다(신 23:7-8).

29) '유대인'이라는 용어는 포로기 이후부터 본격적으로 사용되었습니다. 이는 '이스라엘'과 동의어로 사용되었는데, 포로로 잡혀갔다 돌아온 남 유다 왕국의 핵심 지파가 바로 유다 지파였기 때문입니다. 이후로부터 '유대인'이라는 말은 출신 지파와 상관없이 이스라엘 백성을 가리키는 용어가 되었습니다.

대인과 이방인 사이의 신분적 격차까지도 완전히 허물어버린 다는 사실을 초대 교회에게 공개적으로 계시하셨습니다. 그것 이 바로 백부장 고넬료의 가정에서 일어난 사건이었습니다.

베드로는 환상 중에 하늘에서 보자기 같은 그릇이 내려오는 것을 보았습니다(행 10:10-11). 그 안에는 땅에 있는 온갖 짐승 과 기는 것과 새들이 있었는데, 그것들을 먹으라는 명령이 그 에게 주어졌습니다. 베드로는 이를 거절했고, 이에 대하여 "하 나님께서 깨끗케 하신 것을 네가 속되다 하지 말라"(행 10:15)는 응답을 들었습니다. 이런 일이 세 번이나 반복된 후에 환상이 끝났습니다. 이 환상이 무슨 뜻인지 베드로가 생각하던 중, 마 침 이방인 백부장 고넬료가 보낸 자들이 그를 찾으러 왔습니다 (행 10:17, 19).

이 사건은 무엇을 의미합니까? 우리는 이를 어떤 한 이방인 백부장의 가정이 예수님을 영접하여 구원을 얻은 사건으로 생 각하기 쉽습니다. 그러나 사실 고넬료는 그 전부터 이미 "경건 하여 온 집으로 더불어 하나님을 경외하며 백성을 많이 구제 하고 하나님께 항상 기도하"던 사람이었습니다(행 10:2). 바꾸어 말하자면, 그는 메시아가 오신 것을 아직 모르고 있던 구약 시 대의 사람이었습니다. 이미 약속된 메시아께서 오셨고, 십자가 고난과 죽으심, 부활과 승천, 그리고 오순절 성령 강림 사건으 로 인해 신약 교회의 시대가 개시되었음에도 불구하고 그는 아 직 이를 전혀 모르고 있었습니다. 신약성경이 완성되기 전, 초대 교회 당대에는 이렇게 구약 시대와 신약 시대가 서로 중첩 (overlap)된 시기가 있었습니다.

이 말이 독자들에게는 낯설게 여겨질지도 모르겠습니다. 한 가지 예를 들겠습니다. 세례 요한은 구약 시대의 마지막 선지 자였습니다. 그는 오실 메시아를 예언했습니다. 그러나 예수님 께서는 그가 죽고 난 이후에 오시지 않았습니다. 세례 요한은 구약에 속한 자였으나, 신약 시대를 개막하신 예수 그리스도와 동시대에 살았습니다. 그리스도와 함께 신약 시대가 출범했지 만, 구약 시대는 아직 끝나지 않았던 것입니다.[30]

또 다른 예를 들 수 있습니다. 오순절 성령 강림 이후, 초대 교회 성도들은 "날마다 마음을 같이 하여 성전에 모이기를 힘" 썼습니다(행 2:46). 여기서의 '성전'은 무엇을 가리킵니까? 예배 당입니까?[31] 아닙니다. 구약 시대의 중앙 성소였던 예루살렘 성

---

30) 세례 요한이 "그는 흥하여야 하겠고 나는 쇠하여야 하리라"(요 3:30)고 말했던 것 역시 이러한 관점에서 이해되어야 합니다. 이 말씀은 단순히 '예수님은 잘 되시 고, 나는 못되어야 한다'는 뜻이 아니라 신약 시대(예수 그리스도)의 출범과 함께 구약 시대(세례 요한)가 물러가야 한다는 의미입니다.

31) 오늘날 '예배당'(chapel)을 편의상 '교회'(church) 또는 '성전'(temple)이라고 부르 는 관습은 성경적 교회론을 위협하는 신학적 문제들을 내포하고 있습니다. 성도의 회집을 위해 예배 장소가 필요하긴 하지만, 예배당 건축을 구약의 '성전 건축'과 같 은 의미로 전하는 설교가 난무하고 있습니다. '예배당'은 성도들이 회집하는 장소 나 건물을 가리킵니다. 구약 시대에 모세의 지도 아래 만들어진 '성막'(Tabernacle), 그리고 솔로몬과 스룹바벨이 각각 건축한 '성전'은 전(全) 세계에 단 하나밖에 없습 니다. 이는 장차 오실 단 한 분의 구원자이며, 하나님과 그 백성을 이어주는 유일한 통로이신 예수 그리스도를 예표합니다(요 1:14; 2:19-22; 14:6; 행 4:11-12). 예수 그리스도께서 승천하신 후에는 성령을 선물로 받은 그분의 몸된 교회가 신약 시대 의 성전이 되었습니다(고전 3:16-17; 6:19-20; 엡 2:20-22). 그러므로 신약 시대의

전입니다. 전 세계에 성전은 오직 하나밖에 없어야 합니다. 그러나 두 성전이 한 곳에서 충돌하고 있습니다. 이미 예수 그리스도께서 구약 시대의 돌 성전을 완성하는 참 성전으로 오셨고(요 2:19-21), 또 교회(사람 성전)가 그분의 몸, 즉 성령의 전(고전 3:16-17; 6:19-20; 엡 2:20-22)이 되었음에도 불구하고 옛 성전이 아직 무너지지 않은—비록 잠정적이긴 하지만—시대가 존재하고 있었던 것입니다. 신약의 성전(교회)이 구약의 성전(예루살렘 성전) 안에서 회집하고 있었습니다. 두 시대가 공존하고 있었습니다. 이는 사도행전 당시의 시대를 지금 시대와 구별 짓는 중요한 차이 중 하나입니다.[32]

우리는 백부장 고넬료 사건을 바로 이러한 관점에서 접근해야 합니다. 베드로는 환상 중에 보았던 그 그릇 속에 담긴 동물들을 먹을 수 없다고 대답했습니다. 이는 구약 시대의 관점에서 본다면 분명 당연하고도 올바른 생각이었습니다. 레 11장과

성전은 더 이상 돌 성전이 아니라 사람으로 이루어지며 계속 건축되는 사람 성전입니다. 하나님이 보시기에 이 성전은 여전히 온 우주에 하나뿐입니다. 우리는 하나님의 교회(성전)가 오직 하나임을 고백합니다(니케아 신조; 웨스트민스터 신앙고백서 25:1; 벨직신앙고백서 27-28장).

32) 신자의 제 2의 영적 체험, 또는 부흥이라는 관점에서의 '성령 세례'를 강조하는 현상이 오늘날 한국 교회 내에서만이 아니라 세계의 선교 현지 곳곳에서 대중화되어가고 있습니다. 그러나 대부분의 경우, 이러한 가르침은 구·신약 시대의 중첩 기간에 발생한 구속사의 전이를 간과한 채 이를 개인의 구원의 서정(Ordo Salutis, the order of salvation)으로 이해한 결과입니다. 개혁신앙의 관점에서 '성령(으로의) 세례'를 설명하고, 또 제 2의 체험으로 이를 연결하는 잘못된 견해를 학술적으로 비판한 책으로 고재수(N. H. Gootjes), 성령으로의 세례와 신자의 체험(서울: 개혁주의신행협회, 1989 [1991])을 참고하십시오.

신 14장에 의하면, 여호와께서는 정결한 동물과 부정한 동물을 구분하시고, 이스라엘로 하여금 오직 정결한 동물만을 먹도록 허락하셨습니다. 베드로는 구약의 정결법(특히 레 11-15장) 중에서 음식에 관한 규례—자신이 이제까지 지켜왔던—를 생각해 내었고, 이 금기사항을 어기지 않으려고 그 그릇에 담긴 동물들을 먹기를 거절했던 것입니다.

그러나 그에게 주어진 대답은 전혀 예상치 못한 내용이었습니다. "하나님께서 깨끗케 하신 것을 네가 속되다 하지 말라"(행 10:15). 이것이 의미하는 바가 무엇입니까? 이제 정결한 동물과 부정한 동물을 구분하는 시대가 지나갔다는 뜻입니다. 하나님께서는 이제 부정한 동물들까지도 정결케 하셔서 정결한 동물들과 함께 한 그릇에 담겨 식탁에 올라가는 것을 허락하셨다는 뜻입니다.

우리는 여기서 구약 시대의 동물이 종종 사람을 상징했다는 사실을 기억해야 합니다. 사람이 범죄할 때, 그는 자신을 대속하기 위해 동물을 바칩니다. 피를 흘리고 제단에서 태워지는 동물은 범죄한 그 사람을 상징합니다. 하나님께서는 애굽의 장자들이 모두 죽은 유월절 다음 날, 이스라엘의 장자들이 모두 그분의 것이라고 말씀하셨습니다. 이를 위해 그분은 이스라엘이 기르는 생축의 모든 초태생을 그분께 바치라고 명하셨습니다. 하나님께 바쳐지는 초태생 짐승들이 이스라엘의 장자를 상징한다는 데에는 의심의 여지가 없습니다(출 13:12-13).[33]

---

33) 동물이 사람을 상징한다는 또 다른 예로 고전 9:9-11과 딤전 5:17-18을 보십

이것을 이해하면, 구약 시대에 하나님께서 정결한 동물과 부정한 동물을 나누신 이유가 보다 분명하게 드러납니다. 그것은 이스라엘과 이방인 간의 구별성을 상징하기 위해서입니다. 이스라엘은 정결한 동물과 같습니다.[34] 그들은 부정한 동물, 즉 이방인과 하나가 될 수 없습니다. 그들은 구별된 백성입니다. 그들은 바로 이 구별성을 유지하기 위해 이방인을 상징하는 부정한 동물을 먹지 않았습니다.[35]

이사야는 장차 도래할 메시아의 시대(사 11:1-2)에는 부정한 동물과 정결한 동물, 들짐승과 육축이 한 자리에 있게 될 것이라고 예언했습니다.

시오. 바울은 구약의 동물법(신 25:4; cf.신 25:5-10의 수혼 제도)을 신약의 사도직 및 목사직으로 연결시킵니다. 곡식을 타작하는 소에게 먹을 것을 주어야 하듯이, 교회는 말씀으로 씨(하나님의 자녀들)를 타작하는 사도와 목사에게 육신의 것을 공급할 책임을 지닙니다.

34) 다른 한 편으로, 성경은 종종 이스라엘을 양이나 소 같은 육축으로 표현합니다. 이스라엘은 하나님께서 기르시는 자들, 즉 길들여진 백성들이기 때문입니다. 또한 성경은 이방인들을 들짐승으로 자주 표현합니다. 그들은 길들여지지 않은 백성들이기 때문입니다. 이러한 시각으로 레 26:22과 왕하 2:23-24을 보십시오. 여호와께서는 이스라엘이 배교하면 그들에게 들짐승을 보내 자녀들을 죽이게 하신다는 약속과 함께 이방인의 군대를 보내 그들을 멸망시킬 것을 예고하셨습니다. 엘리사를 놀린 소년들을 들짐승(암곰 둘)이 찢어 죽인 사건은 레 26:22의 성취일 뿐 아니라 배교하는 이스라엘을 이방인의 군대를 들어 멸망시키실 것에 대한 전조입니다. 또한, 삼상 17:34-36을 보십시오. 다윗은 들짐승(사자와 곰)으로부터 육축(양떼)을 구해낸 목자로서의 자신의 경험을 들짐승으로 상징되는 블레셋 군대로부터 양떼로 상징되는 이스라엘을 구해내는 것으로 연결시킵니다.

35) 정결한 동물과 부정한 동물에 관한 규례(신 14:3-21) 바로 앞 구절에 이방인으로부터 구별된 백성으로서의 이스라엘을 규정하고 있다는 사실은 실로 의미심장합니다. "너는 너의 하나님 여호와의 성민이라 여호와께서 지상 만민 중에서 너를 택하여 자기의 기업의 백성을 삼으셨느니라"(신 14:2).

"그 때에 이리가 어린 양과 함께 거하며 표범이 어린 염소와 함께 누우며 송아지와 어린 사자와 살찐 짐승이 함께 있어 어린 아이에게 끌리며 6 암소와 곰이 함께 먹으며 그것들의 새끼가 함께 엎드리며 사자가 소처럼 풀을 먹을 것이며 7" (사 11:6-7)

개혁자 칼빈이 이 본문에 나타난 짐승들을 사람에 대한 상징으로 이해한 것은 매우 지당합니다.

"그들이 과거에는 사자나 표범 같았지만, 이제는 양이나 어린 양같이 되어 온갖 잔인하고 야만스러운 성격을 버리게 될 것이다."[36]

때가 차매, 드디어 여호와 하나님께서는 이 땅에 그분의 독생자 예수 그리스도를 보내셨습니다. 그리고 죽으시고 부활하신 그리스도께서는 오순절에 성령을 보내셨습니다. 성령 강림으로 신약 교회가 출범하자, 하나님께서는 이사야가 예언한 바로 그 시대가 도래했음을 사도 베드로에게 공식적으로 계시하셨습니다. 부정한 동물(이방인)이 정결한 동물(유대인)과 함께 한 식탁 위에 올려지는 시대가 도래했습니다. 그러나 신약 교회는 아직도 이 사실을 잘 깨닫지 못하고 있었습니다. 그들은 이방

---

36) 칼빈 주석, 사 11:6-7. 개혁자 칼빈과 같은 시각을 가지게 된다면, 이 구절이 예수님의 재림 후가 아니라 이미 사도행전 안에서 성취되고 있다는 사실을 쉽게 깨달을 수 있습니다.

인이 유대인과 동등한 특권을 누릴 수 없다고 생각했습니다.[37] 사도 베드로 역시 그러했습니다. 성령을 받는 것은 오직 유대인에게만 주어진 특권이라고 생각했습니다. 그러나 베드로와 그 일행은 놀라운 사실을 목격하게 되었습니다.

> "베드로가 이 말 할 때에 성령이 말씀 듣는 모든 사람에게 내려오시니 44 베드로와 함께 온 할례 받은 신자들이 이방인들에게도 성령 부어주심을 인하여 놀라니 45 … 이에 베드로가 가로되 이 사람들이 우리와 같이 성령을 받았으니 누가 능히 물로 세례 줌을 금하리요 하고 47" (행 10:44-45, 47)

그러나 이 사실을 목격하지 못했던 다른 유대인 신자들은 베드로가 이방인과 함께 식사한 것을 힐난했습니다. 그들은 베드로가 정결법을 어겼다고 생각했습니다. 베드로가 보았던 환상은 여기서도 정확히 이방인과 유대인이 한 자리에 동등하게 앉을 수 있느냐에 대한 문제로 자연스럽게 연결되고 있습니다.

> "베드로가 예루살렘에 올라갔을 때에 할례자들이 힐난하여 2 가로되 네가 무할례자의 집에 들어가 함께 먹었다 하니 3" (행 11:2-3)

---

37) 예루살렘교회가 이방인을 구원에서 배제했다는 증거는 어디에도 없습니다. 다만 본문의 증거하는 바에 의하면, 예루살렘교회는 이방인들 역시 유대인들과 동등한 종말론적 선물을 받게 될 것이라는 사실은 미처 깨닫지 못했던 것입니다.

이들에 대한 베드로의 분명하고도 확신에 찬 대답을 우리도
들어야 합니다.

"… 내가 말을 시작할 때에 성령이 저희에게 임하시기를 처
음 우리에게 하신 것과 같이 하는지라15 내가 주의 말씀에 요
한은 물로 세례 주었으나 너희는 성령으로 세례 받으리라 하
신 것이 생각났노라16 그런즉 하나님이 우리가 주 예수 그리
스도를 믿을 때에 주신 것과 같은 선물을 저희에게도 주셨으
니 내가 누구관대 하나님을 능히 막겠느냐 하더라17"
(행 11:15-17)

3. 사도 시대 교회의 두 백성과 한 몸

하나님께서 이렇게 새 시대의 새 백성(교회)에게 새로운 질서
(유대인과 이방인이 동등한 특권을 누림)를 가르쳐주셨음에도 불구하
고 선교 현지의 교회들은 때때로 이전의 옛 시대의 관습을 완
전히 탈피하지 못하는 연약한 모습을 보였습니다. 이러한 현상
은 특히 교회 안으로 들어온 유대주의자들에 의해 주도되고, 강
화되었습니다. 그들은 새 언약의 시대에서조차 유대인과 이방
인이 완전히 동등한 신분적 특권을 누릴 수 없다고 생각했습니
다. 고넬료 사건 당시의 예루살렘교회처럼, 선교 현지의 이방
인 교회들은 이에 대한 분명한 답변을 사도로부터 들을 필요가
있었습니다. 바로 이러한 상황에서, 사도 바울은 에베소교회에

게 이렇게 선포했습니다.

> "그는 우리의 화평이신지라 둘로 하나를 만드사 중간에 막힌
> 담을 허시고14 원수된 것 곧 의문에 속한 계명의 율법을 자
> 기 육체로 폐하셨으니 이는 이 둘로 자기의 안에서 한 새 사
> 람을 지어 화평하게 하시고15 또 십자가로 이 둘을 한 몸으로
> 하나님과 화목하게 하려 하심이라 원수된 것을 십자가로 소
> 멸하시고16 또 오셔서 먼 데 있는 너희에게 평안을 전하고 가
> 까운 데 있는 자들에게 평안을 전하셨으니17 이는 저로 말미
> 암아 우리 둘이 한 성령 안에서 아버지께 나아감을 얻게 하
> 려 하심이라18" (엡 2:14-18)

여기서의 '둘'은 '하나님'과 '성도'가 아니라 '유대인'과 '이방
인'을 의미합니다. 예수님의 십자가는 죄악으로 가로막힌 하나
님과 우리 사이의 벽을 허물어버렸습니다(엡 2:1-10). 그러나 그
것만이 아니었습니다. 그분의 십자가는 또 하나의 담을 허물
었습니다. 그것은 유대인과 이방인 사이에 가로막혀 있던 담
이었습니다. 십자가 안에서 수직적으로는 하늘과 땅이 통일됨
(엡 1:10)과 동시에 수평적으로는 유대인과 이방인이 하나로 연
합된 것입니다.[38]

---

38) 이 본문으로 가사를 만든 복음송이 있습니다. "주는 평화 막힌 담을 모두 허셨
네 주는 평화 우리의 평화." 필자는 이 유명한 복음송을 부르는 성도들에게 여기

이 문제는 에베소교회 뿐 아니라 또 다른 선교 현지였던 갈라디아교회 안에서도 발생했습니다. 교회 안에 들어와 있던 유대주의자들은 이방인 신자들에게 할례를 행함으로써 그들을 유대인화하려고 시도했습니다. 그들은 이방인들이 예수님을 믿는다 할지라도 할례를 받지 않으면 결단코 유대인과 하나가 될 수 없으며, 함께 식탁에 앉을 수도 없다고 생각했습니다. 그러나 이들에 대해서도 사도 바울은 매우 명쾌한 답변을 제공합니다.

> "누구든지 그리스도와 합하여 세례를 받은 자는 그리스도로 옷 입었느니라27 너희는 유대인이나 헬라인이나 종이나 자주자나 남자나 여자 없이 다 그리스도 예수 안에서 하나이니라28 너희가 그리스도께 속한 자면 곧 아브라함의 자손이요 약속대로 유업을 이을 자니라29" (갈 3:27-29)

유대인과 이방인이 하나가 되는 유일한 조건은 할례가 아니라 오직 믿음으로 받는 세례, 그것밖에 없습니다(갈 3:2, 27-29). 유대인과 이방인은 한 성령 안에서 한 분 예수 그리스도의 한 몸이 되어 한 분 아버지께로 나아가게 되었습니다(엡 2:14-18).

서의 '막힌 담'이 무엇을 말하는지 질문한 적이 많습니다. 대부분의 경우, 성도들은 대답을 하지 못하거나 하나님과 우리 사이의 막힌 담이라고 대답했습니다. 그러나 에베소서의 본문에서는 유대인과 이방인 사이의 담, 즉 언약적 특권의 격차를 의미합니다.

적용

　1세기 당대의 교회에게 선포된 이 놀라운 복음은 21세기의 교회에게도 적실합니다. 현재 한국 교회는 규모 면에서 세계 선교의 큰 역할을 담당하고 있습니다. 그러나 정작 수많은 선교사들을 파송하는 한국 교회 내에서는 이 고귀한 복음의 원리가 희석되고 있는 모습을 너무나도 쉽게 볼 수 있습니다.

　새 언약의 교회 안에서는 더 이상 신분적 특권이라는 개념이 없습니다. 각양 좋은 은사들과 직분에 따른 봉사의 차이는 있으나, 특권층이 있어서는 안 됩니다. 그러한 생각은 그리스도의 십자가 사역을 능멸하는 것입니다. 그분의 십자가는 사죄의 약속을 넘어 신분적 특권의 차이까지도 완전히 허물어버렸습니다. 종족, 성별 및 사회적 신분의 차이가 교회 안에서 조금이라도 영향을 미치고 있지는 않은지 잘 돌아보아야 합니다. 주님께서 주신 거룩한 은사와 직분들이 오히려 자신의 자리를 구축하기 위한 것으로 악용되는 일이 없어야 합니다. 혈연, 지연, 학연 등이 교회 안에서 새로운 그룹을 형성하기 위한 조건이 되어서는 안 됩니다. 한국 교회가 이 원리를 잃어버린다면, 그들은 새로운 형태의 유대주의자들이 되어 전 세계에 흩어진 선교 현지의 교회들을 허무는 사단의 도구가 될 것입니다.

　이와 함께 우리는 선교 현지에도 이러한 원리가 분명하게 시행되고 있는지 끊임없이 확인하고 또 가르쳐야 합니다. 특히 한국보다 경제적으로 훨씬 낮은 평균 소득을 가진 나라와 종족을 대상으로 선교하는 경우에는 더욱 주의해야 합니다. 하나님을 떠난 그들의 죄악상에 대해서는 안타까워해야 하지만, 조금이라도 그들을 얕잡아보거나 깔보아서는 안 됩니다. 우리가 그들보다 더 많은 부를 소유했다고 해서 그들보다 더 높은 신분적 특권을 누려도 된다고 생각해서는 안 됩니다. 교회 안에서 신분적 특권의 차이를 보증해 주는 것은 아무것도 없습니다.

마지막으로, 유대인들을 대상으로 하는 선교가 다른 국가나 종족을 대상으로 하는 선교보다 더 특별하다는 생각은 빨리 사라져야 합니다. 물론 유대인들을 대상으로 하는 선교도 중요합니다. 그들도 복음을 필요로 하며, 그들 중에도 하나님께서 택하신 자들이 예비되어 있기 때문입니다. 그러나 그들이 타 종족들과는 다른 특별한 권리를 소유하고 있기 때문에 선교하는 것이어서는 안 됩니다. 이제는 그들 역시 영적인 이방인들이며, 그리스도를 믿는 우리야말로 아브라함의 진정한 자손들이기 때문입니다(갈 3:29; 4:22-31).